JN061028

歴史の道・東葛の坂道

〔流山市の坂〕

『馬坂』（うまさが）

馬坂は、流山市南の新川耕地に下る坂。
高低差約１２ｍ
（本文17ページ参照）

『大原坂』（だいばらさが）

大原神社は西平井の鎮守さまで、
西平井の台地外れにある。大原坂は
その横を通る急な曲がりくねった坂である
（本文31ページ）

〔柏市の坂〕

『刈込坂』（かりごめさが）

坂を下ると、大津川の低地が広がり沼南大井の台地が見える。
この道の行く先は、歴史ある成田街道に繋がる。
（本文58ページ）

『妙照寺の坂』（みょうしょうじのさが）

妙照寺の境内には柏随一の大杉の古木がある。
ここを下ると大津川から手賀沼へと向かう。
（本文６５ページ）

〔松戸市の坂〕

『井戸坂』(いどさが)

北松戸の、上本郷台地の下に前田公園がある。そのそばのカンスケ井戸通りの二股の階段右側を上ると、幕末に脱藩した吉田松陰が宿した本福寺に出る。

(本文79ページ)

『地獄坂』(じごくさが)

旧陸軍工兵学校に上る急坂。江戸川や矢切台地、稔台などでの演習後、この急坂を駆け上る訓練があった。余りにもキツイ急坂に「地獄坂」と呼んだ。(本文75ページ)

『日立坂』（ひたちさが）

国道356号線、我孫子中学の南側に日立アカデミー我孫子研修所（旧称日立総合経営研修所）があり、この研修所の本館（東）と別館（西）の間にある坂が「日立坂」である。

（本文109ページ）

『根戸の森の坂』（ねどのもりのさが）

根戸の森は、我孫子市つくし野の市立根戸小学校から南西方面に広がる。
幕末に江戸湾の防衛（お台場構築）のため、原木はこの御用林からも伐り出された。
（本文101ページ）

「東葛流山研究」第38号

特集

東葛坂道事典

画　作：喜屋武貞男　表紙絵（部分）・大扉絵（部分）
装　丁：菊池健太朗
撮　影：新保　國弘

刊行に寄せて

流山市立博物館友の会 会長 竹島盤

流山市立博物館友の会は、1978（昭和53）年に創設された。以来、研究誌として『東葛流山研究』を途切れることなく出版し、このたび第38号を迎えた。もう一方の会報誌「におどり」は年3回の発行で、第114号を数える。研究誌は、広く東葛地域の歴史や文化に関わるテーマを決め、会員個々の執筆により構成する。利根運河・江戸川・利根川・手賀沼・小金牧・地名・文学・人物・神社仏閣・美術館博物館・石像物・交通・なりわい・建築物など、出版してきたこれらのテーマは〝東葛地域の百科事典のごとし〟ともいわれる。

今回のテーマは『東葛坂道事典』とした。当初、多くの会員から戸惑いの声が上がった。普段、何気なく通過する坂道の現場に行っても具体的資料（標識など）があるわけでもなく、この取材・執筆にどう取り組むか、執筆者を悩ませた。

〝坂道を巡る〟は今、都内ではブームとなっている。歴史的に由緒ある坂道は話題にもなり、多くの人が訪れる。しかし、東葛6市の坂道は多いが、そうした話題性や有名なところはそれほどない。会員間で討議を重ね、周りにある〈坂道〉を身近なテーマとして、挑んでみることにした。

昨今の異常気象による水害や台地の崩落など、災害に対する問題意識を深める意味でも、自分の住んでいる地域の地形や位置などを観察することが大切である。

各地域の坂道をリストアップする上で、参考資料となったのは、流山市立博物館発行の『流山の道』、柏市教育委員会の『柏の民俗』であった。これらは地域の民俗調査の中で、〈坂道〉が庶民の生活においてどのようなものであったのか、また、どのように呼んでいたのかなど、役立った。

車社会の現在、坂道は以前のように荷車やリヤカーを押したりする時代ではなくなった。しかし、そうした姿は、私たちのわずか前の記憶として残っている。今回の執筆者の脳裏にも、そんな光景の残影があることが感じられた。

今年より本書の編集製作は、事務局を中心とする「デジタル編集」へと体制を変えた。当初多少の行き違いもあったが、本の編集の基本は丁寧な取材・調査・執筆と変わりはない。熟年世代の肉筆原稿による寄稿は地域史を継ぐ歴史と体験もあり、今後とも歓迎したい。台地と低地の織りなす東葛地域の『坂道事典』としては、決して十分な内容ではないが、今回の取り組んだ成果を手掛かりに、さらなる充実をめざす。

本書出版に際し、現地取材での近隣住民の方々をはじめ、東葛各市の道路管理課や教育委員会など、多くの方々にお世話いただいた。また坂道研究家の山野勝氏より寄稿いただいた。感謝申し上げたい。

本書が地域の人々に広く読み継がれ、身近な歴史地理を知る一助となれば、幸いである。

2020年2月

「江戸の坂道」歴史探訪

山野勝（坂道研究家）

タモリ氏とタッグを組む

ＮＨＫ『ブラタモリ』の放送が契機となって、今や日本中が〝坂道ブーム〟に沸いているようだ。20数年前、銀座の小さなバーでタモリ氏と私は坂道談義をかわすようになり、冗談半分に「日本坂道学会」という怪しい会を結成した。会員は2名限定で、特に目的はなく、お互いに好きな坂を歩いて感想を述べ合うというものだった。タモリ氏がテレビに登場し、氏の博識と話術が人々の共感を呼び、坂への関心が高まったことはうれしい。

江戸・東京には名前が付いた坂が約６４０もある。江戸時代に命名された坂が約５００、明治以降に命名された坂が約１４０を数える。この数はおそらく世界一ではないだろうか。坂の多さは地形の特徴に依拠するが、坂名の誕生には江戸時代の政治情勢に因るところが大きいと思われる。先に、この2点について考えてみたい。

坂が多い江戸・東京の地形

東京は武蔵野台地の東端に位置する。台地は、西の八王子（海抜１１０メートル）から立川（同83メートル）、小金井（同70メートル）、荻窪（同45メートル）を経て、東の東京駅（同7メートル）まで緩やかに傾斜している。そして、途中の中野あたりからは南北に凹凸地形が加わる。これはいくつもの川が台地を削ったことに因る。北からみると、上野台《石神井川》、本郷台《小石川》、豊島台《神田川》、淀橋台《目黒川》、目黒台《立会川》、荏原台という連続した構造になり、凹凸地形の実体が理解できる。これで、山の手に多くの坂が存在することが実証される。

徳川幕藩体制

天正18年（１５９０）に徳川家康が関東に移封され、江戸がその中心となり、慶長8年（１６０３）に江戸幕府が開かれた。そして、寛永12年（１６３５）に参勤交代制が確立し、全国の大名

胸突坂（文京区）

（最終的には約260藩）が隔年ごとに江戸に滞在することになった。大名には、上屋敷・中屋敷・下屋敷など、広大な屋敷地が与えられた。

また、大名の正室や嗣子（次の藩主）は人質として江戸に居住することが義務づけられた。国元への帰還は許されなかったので、葬祭を江戸で行うため、市中に多くの寺社が建立された。さらに、幕府の旗本（約6000人）や御家人（与力・同心＝約1万7000人）にも、それなりの屋敷地が与えられた。

江戸の総面積に対して武家地が70㌫、寺社地が14㌫、合わせて84㌫を占めることになった。武士の人口は約50万人で、町人の人口も約50万人だったが、町人の居住面積は16㌫にすぎなかった。

町名の代りとなった坂名

しかし、武家地や寺社地にはなぜか町名がなかった（ただし、小石川・本郷・四ツ谷・青山・高輪など、広範囲を指す汎称地名は存在した）。そこで、当該の目的地（武家地）に行くには俚俗地名を創作する必要が出た。選ばれたのが坂道だ。ランドマークとしても最適だったので、坂に名前が付けられ、地名の代替としての役割を担うこととなった。

〝江戸八百八町〟と称された町人町は、実は1600町もあって、個性的な町名が付けられていた。しかし、より正確な位置を知るために、町人域の坂にも名前が付けられ、大いに役立った。消費都市江戸が発展し、市街地の拡大と細分化に伴って、坂名の役割も増大し、同時に坂名も増加していった。江戸に約500の坂名が誕生したのには、以上のような事情が背景にあったとみてよいだろう。

坂名の由来―町人が付けた

さて、坂名の命名はどのようにして行われたのだろうか。結論からいえば、町人が勝手に命名したにすぎない。将軍が命名した坂（庾嶺坂）もあるが、江戸町奉行など行政はタッチしていない。眺望（富士見坂）や勾配（胸突坂）、形状（切通坂）、雰囲気（幽霊坂）、藩名（南部坂）、大名（三浦坂）、名主（左内坂）、神社（氷川坂）、寺院（円通寺坂）、僧侶（霊南坂）、建物（御殿坂）、職業（目切坂）、動物（蛇坂）、植物（銀杏坂）、伝説（綱坂）などの特徴から、当時の町人の粋な発想で坂名が創作されたのである。

この度、流山市立博物館友の会が『東葛坂道事典』を刊行された。地域に残る坂道に、新たな光が当てられたことには大きな意義がある。会員各位のご努力に敬意を表するとともに、今後の更なる研究に期待を申し上げたい。

三浦坂（台東区）

目切坂（目黒区）

「坂」に想うこと

山本鉱太郎（会員・旅行作家）

東京にはほんとに坂が多い。私が生まれた下町の深川では、橋が近づくと坂が待っている。江東ゼロメートル地帯だから、橋を高くしないと船は運河を通れなかったのである。

まして山手の本郷台地に行けば、もうそこらじゅう坂だらけで文豪の名作にもしばしば登場する。森鴎外の「雁」には本郷の無縁坂、泉鏡花の「湯島詣」には湯島の切通し坂、漱石の「三四郎」には団子坂が出てくる。

東京には坂が600余あると言われ、それぞれに江戸時代からの秘められた歴史があり、そのいわれをたずねながら、四季おりおり坂をランブリングするのも楽しいものである。

「坂」とつく有名人

坂とつく有名人もけっこう多い。古くは坂上田村麻呂、大伴坂上郎女、坂田金時、坂崎出羽守、坂本龍馬、坂田三吉、坂口安吾、坂本九、そして私の母も坂田けいという。越後高田の出身で、その先祖は織田信長に敗れた朝倉義景の残党ということだった。

似たような地名も多い。都内には富士見坂という地名が20近くあるが、いま富士山が見えるのはひとつぐらいか。暗闇坂や幽霊坂も幾つかあるが、これらは樹木鬱蒼と茂るうす暗がりの坂という意味で、幽霊が出てくるわけではない。

潮見坂は東京湾が見えるという意で、かつて東京湾の潮は江戸の奥までひたひたと寄せていた。

名作「雁」の無縁坂

私の好きな坂のひとつに、本郷の無縁坂がある。ここは森鴎外の名作「雁」の舞台で、かつて司法研修所があった所で、いまも長い塀に囲まれている。私が若い頃行った時は、細い格子の木造2階建てのしもた屋が何軒も残っていて、荒物屋や煙草屋もあったが、いまはひっそり閑として赤レンガ風のマンションが並ぶだけだ。

貧しい家に生まれたお玉は、高利貸の末造にのぞまれてお妾となり、無縁坂に居を構えるが、高利貸の妾では世間の眼は冷たい。

そんなある日、医科大学生の岡田が散歩するのに出会った。彼女の飼っていた小鳥を襲った蛇を岡田が退治したのがきっかけとなって2人は口をきくようになり、お玉は医学生の岡田に熱い思いを寄せる。

だが、岡田は急にドイツへ留学することになった。本郷の下宿を引き払う前日、岡田は不忍池のほとりで雁に石を投げて偶然にも1羽殺してしまう。その雁のはかなさはお玉の運命を象徴しているのだった。

坂には一つ一つにこうしたドラマがあり、森鴎外は東大医学部の学生の時、いつも無縁坂を散歩し、青春の日を想い出してまとめた一作であった。

長崎のオランダ坂

私はよく坂の多い町に旅をする。函館や横浜、尾道、山口、津山、飛騨高山、木曽福島などだが、九州の長崎も坂の多いエキゾチックな町である。

私がよく歩くのは、出島オランダ商館跡から活水女子大学を経てグラバー邸に至る道で、この途中の石畳を、人々はオランダ坂と呼んでいる。歌謡曲でもすっかりおなじみだが、正式にはオランダ坂というものはない。長崎では、欧米人すべてをオランダさんと呼び、その居留地にある坂を総称し、とくにオランダ人が設計して造ったというわけではない。

それにしても、なぜ坂歩きが楽しいのか。あの坂を越えれば、その向こうに何か新しい発見がありはしないかと夢ふくらみ胸躍る。おそらく司馬遼太郎もそんな思いで、歴史小説『坂の上の雲』を書いたのではなかろうか。明治の激動期を担った3人の若者たちの物語を。

もくじ

第1章　流山市の坂道

第2章　野田市の坂道

第3章　柏市の坂道

ガイドマップ　48

第4章　松戸市の坂道

ガイドマップ　72

第5章　我孫子市の坂道　ガイドマップ 92

第6章　鎌ケ谷市の坂道　ガイドマップ 118

凡例

- 本書は、流山市立博物館友の会が編集発行する「東葛流山研究」第38号の『東葛坂道事典』として出版するものである。発売は「たけしま出版」が行い、市販品として販売する。

- 本書はかつて千葉県東葛飾郡に属した、現在の松戸市、流山市、野田市、柏市、我孫子市、鎌ケ谷市の6市内に点在する坂道120箇所ほどを対象に会員間で、地域別に調査取材し、分担執筆した。

- 本書6市内の坂道位置を示す「ガイドマップ」を各章に掲載した。「ガイドマップ」および本文中の地図は、YahooやGoogle等の既存の地図を参考にして作成した。なお、ビジュアル編集につとめ、個々の坂道の写真と、図版を多用し、本文との関連を図った。

- 本書でいう坂道とは、一定の傾斜、勾配があり湾曲の形状をしている箇所をさす。個々の坂道には、その地その地の特有の名称（屋号や神社・寺名など）があり、その歴史的由来や謂われを現地取材や各市の市史資料などを参考にした。（本文の末尾では、参考資料・文献として掲示した。）

- 専門性を要する坂道の形状については、海抜や傾斜・勾配度数・道路幅・長さなどを概観的に記述にした。

- 固有名詞に続く「坂」の発音は地域性（方言や訛り）を鑑み、本書では「サガ」とした。（本書123頁、石垣幸子氏コラム参照）

- 旧来の坂道が開発等により滅失したりし、特定できない坂道は、除いた。

- 本文の文体は「である」調とする。

- タイトルの坂道名も含め、本文にもできるだけルビをふり、読みやすくした。

- 年代は元号年と西暦年を併記し、算用数字で表記した。

- 本書の著作権（デジタル化権含む）は流山市立博物館友の会に帰属し、2次使用等の著作権の対応にあたる。

第1章

流山市の坂道

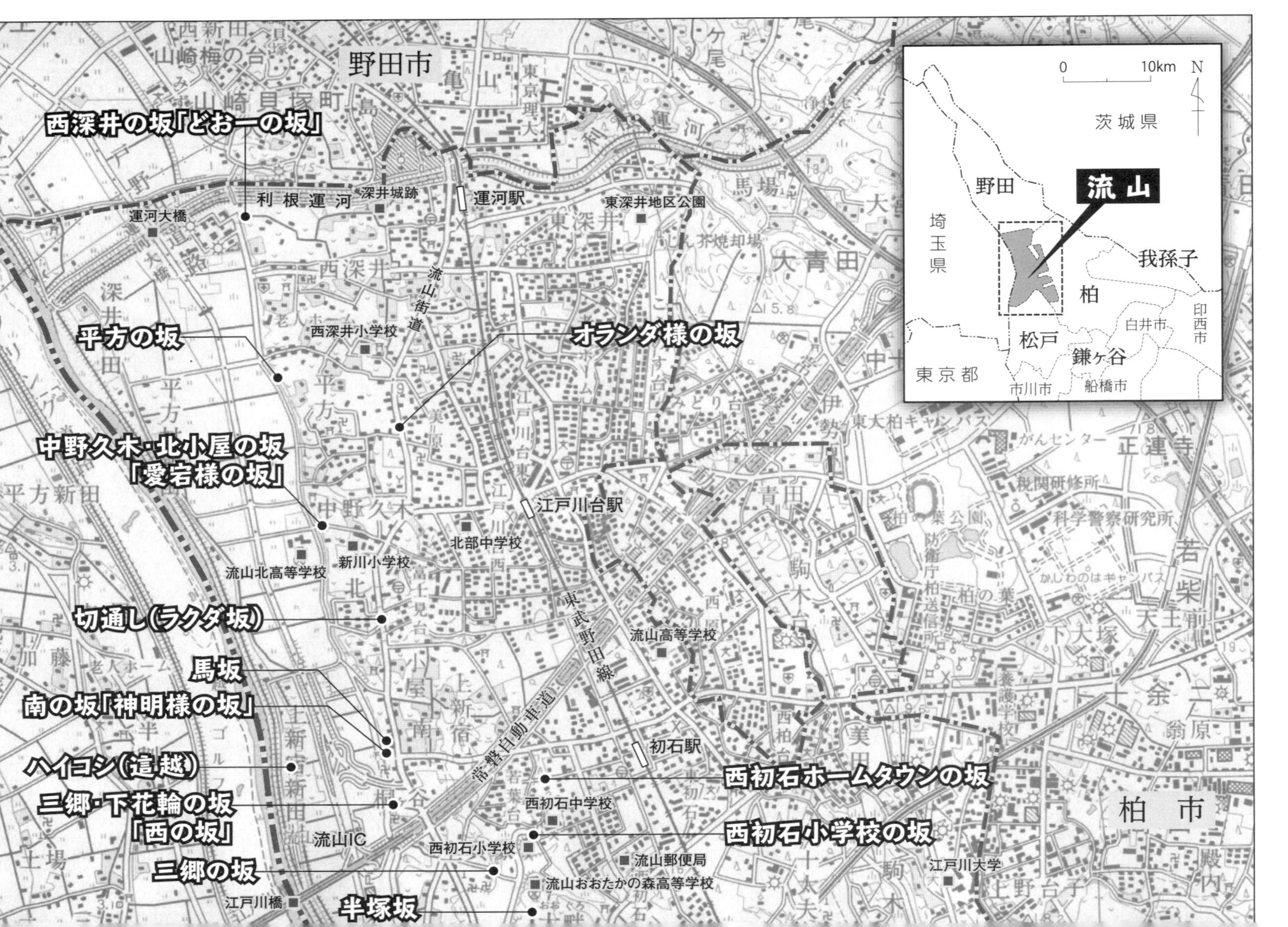
野田市
柏市
西深井の坂「どおーの坂」
平方の坂
オランダ様の坂
中野久木・北小屋の坂
「愛宕様の坂」
切通し（ラクダ坂）
馬坂
南の坂「神明様の坂」
ハイコシ（這越）
三郷・下花輪の坂
「西の坂」
三郷の坂
半塚坂
西初石ホームタウンの坂
西初石小学校の坂
運河駅
江戸川台駅
初石駅
東武野田線
常磐自動車道
流山街道
利根運河
運河大橋
深井城跡
東深井地区公園
西深井小学校
北部中学校
新川小学校
流山北高等学校
流山高等学校
西初石中学校
西初石小学校
流山郵便局
流山おおたかの森高等学校
江戸川大学
江戸川橋
流山IC
東大柏キャンパス
がんセンター
税関研修所
科学警察研究所
かしわのはキャンパス
茨城県
埼玉県
東京都
野田
流山
我孫子
柏
松戸
鎌ヶ谷
白井市
印西市
市川市
船橋市
0
10km
N

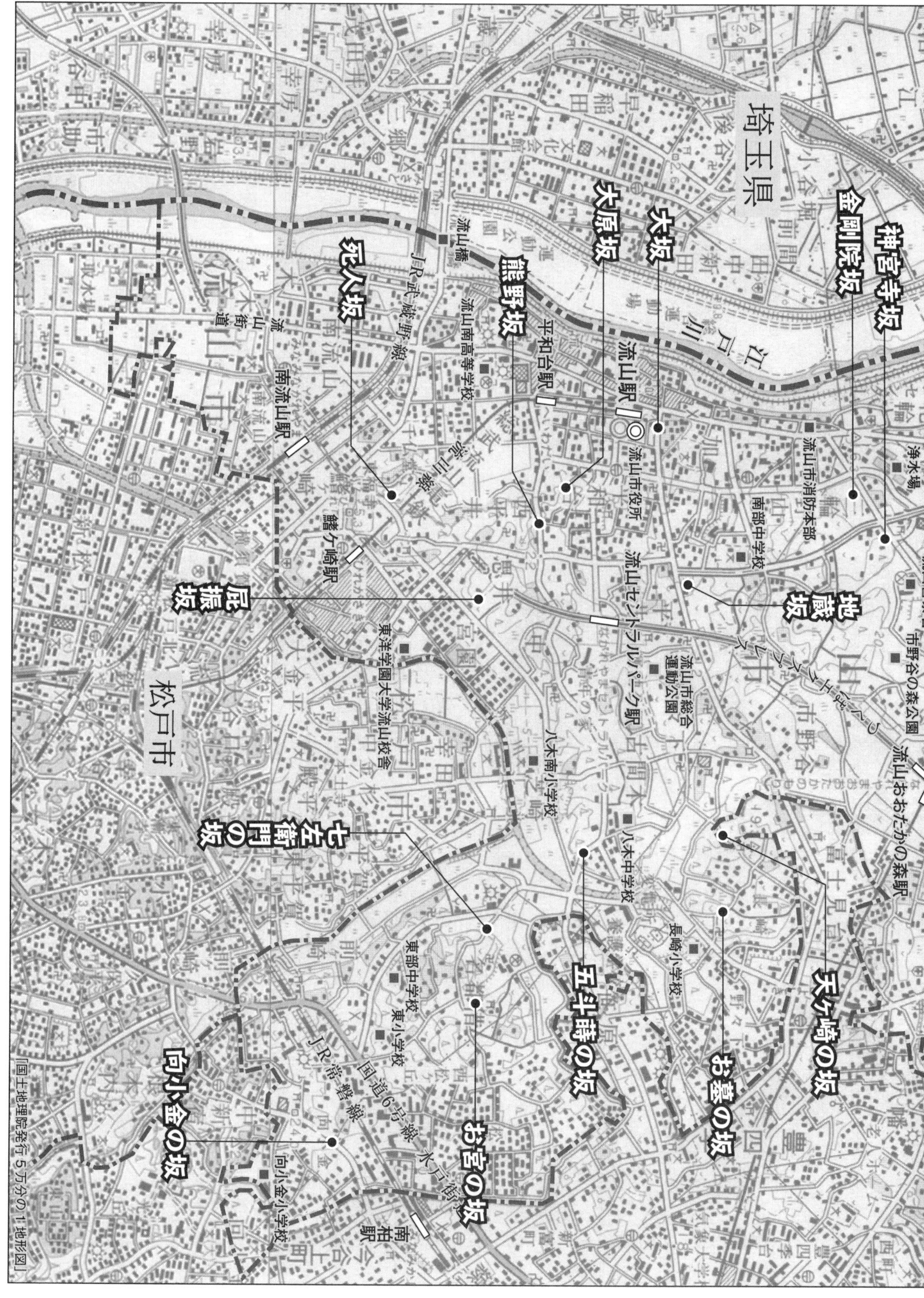
神宮寺坂
金剛院坂
地蔵坂
天ヶ崎の坂
お墓の坂
五斗蒔の坂
お宮の坂
向小金の坂
七左衛門の坂
屁振坂
大坂
大原坂
熊野坂
死人坂
埼玉県
松戸市
流山おおたかの森駅
市野谷の森公園
浄水場
流山市消防本部
南部中学校
流山市総合運動公園
流山セントラルパーク駅
長崎小学校
八木中学校
八木南小学校
東洋学園大学流山校舎
東部中学校
東小学校
向小金小学校
南柏駅
流山駅
流山市役所
平和台駅
流山南高等学校
鰭ケ崎駅
南流山駅
流山橋
JR武蔵野線
JR常磐線
国道6号線
流山街道
江戸川
「国土地理院発行5万分の1地形図」

オランダ様の坂

流山街道の馬頭観音

「オランダ様の坂」の名前を聞いた時、なぜオランダ様の名があるのか、どこにその坂があるのだろうか？ と興味を持った。調べると、松戸と野田を結ぶ、流山街道沿いの美原3丁目のバス停前に「オランダさま」の洞堂が建っていた。昔は切通しの道で、今より急な坂道だったようだ。「オランダ観音像」の前なので「オランダさま坂」と言われたのだろう。大正時代までは江戸川の土手の道を通っていた。県道が出来たのは昭和の初めだ。新しい住宅や、店舗が建つ令和の時代、美原の街に生活する人でもその坂の名を知らないという。

近くの畑で働く昭和7年生まれの方がその名をよく知っていて、昔この辺りに大きな椎の木があって、子どもの頃、かくれんぼや、木登りをして遊んだものだったという。道路ができて、畑だった風景が昭和、平成になりさま変わりしたという。東深井の方へ曲る所までがオランダ坂らしい。

オランダ様の坂

オランダさま「南無馬頭観世音」

そのオランダさまは、元文2年（1737）の建立で馬頭観世音像のことである。徳川吉宗が馬の品種改良のためオランダ東インド長崎商館を通じてペルシャ馬を輸入し幕府直営の牧場である小金牧に放牧された。遠くより船で運ばれ、長崎より下総に移動し、環境になれず体調の悪くなった馬もいただろう。これらの馬のうちこの地で死んだ馬を祀ったのがこの馬頭観音である。オランダさまとして信仰され、坂の名も残っている。

「南無馬頭観世音」と昭和7年の石塔がその脇に添えられている。「オランダさま」は平方の海老原家にあったものだが、大正時代に土地を手放し、オランダ様も移動したところ、さまざまな不幸に見舞われたため、元の位置に戻したと聞く。「オランダさま」の石の塔が建つ。昭和59年4月の、田中則雄氏の稿による説明の御影石も建つ。案内板にペルシャ馬を28頭購入して小金原など3つの牧に分けて国内の馬の改良に資したとある。それは享保10年（1725）から元文2年（1737）にかけてのことだったようだ。平安時代以降、観音信仰は西国33ケ所観世音霊場巡礼が流行し、今もその信仰は残っている。馬は侍にとって、農家の人にとっても大切な財産であった。

陽の当たる坂道にいろいろな物語がある。八百万の神を信仰する日本ならではのオランダ様の坂である。地蔵菩薩と刻まれた石塔も建つ。現在は亡くなられたが、岡田啓介氏の地の片隅にある。「オランダ観音」は初石にも祀堂がある。こちらについては、平成23年に出版された『楽しい東葛伝説民話事典』に解説されている。

（森 弘子）

〈ガイド〉
東武野田線江戸川台駅西口から徒歩約13分、流山街道沿いの美原3丁目バス停前

〈参考文献〉
『流山市史 八木村誌』流山市教育委員会 『千葉県東葛飾郡誌』流山市
『楽しい東葛伝説民話事典』市立博物館友の会
『流山の道』市立博物館

切通し――ラクダ坂

きつい急坂、切通し

県道松戸野田線（流山街道）の流山市小屋のヤマト運輸江戸川台付近から流山市中野久木とうかつ農協新川支店付近までを「切通し」と呼んでいる。

明治36年測図（昭和33年修正）の「切通し」の部分を図に示す。この「切通し」の間に台地に入り込む谷田が2本見られる。台地を削り低地に盛土をしたもので、その形状から「切通し」と呼び慣らされたもので、地図には切取部や盛土部の記号がある。「切通し」は急坂だったため、重い荷物を積んだトラックでは速度が落ち、子供たちがそれを追いかけていた。

令和元年の切通し

「野田の総武通運の木炭車が醤油を運んで来る。切り通しで遅くなると荷台にぶら下がったりした」と伊藤長門氏（83）が証言している。天王様とも言った八坂神社（「流山100か所めぐり」31番）の北側の湧水を「切通し」の盛土の下を通すために土管が敷設されていたが、今では埋まってしまっているかもしれない」とも語った。

北の伊藤長門氏は「今の富士見台信号」のあたりを米台（コメンデ）と呼んでいた。雲妙寺（中野久木）の近くに馬頭観音があった。馬頭観音の所の谷田を「観音谷」と呼んでいた。馬頭観音は団地の造成で、新四国江戸川88か所の第37番薬師原に移されたという。

切通しの切取り、盛土

北団地などが開発されるまでは、「切通し」の周辺は自然豊かだった。道路の両側には大きな木があって道路に覆いかぶさっていた。南地区の新倉テイさん（94）は「切通しでは追いはぎが出ると言われていた。実際あったのではないか。怖いのでいつも4、5人で歩いた」と証言している。常に木の陰になり、冬、ひまわり幼稚園のがけ下の田んぼに厚い氷が張って筆者は滑って遊んだ思い出がある。

ラクダ坂とも呼んだ

平方の後藤のぶさん（大正2年10月生）がラクダ坂について「香取様から中野久木の秋元さんあたりまでがラクダサガです」述べている。(1)

ここで言う「切通し」と一致している。西深井地区の植竹幸枝さん（81）は「義理の母親から、急なラクダ坂でひっくり返って頭を打ったと言う話を聞いた」と言う。伊藤長門氏は「切通しはラクダ坂と言った。イコールである」と語っている。

人によっては「切通し」とも駱駝の背の様に成っているので「ラクダ坂」とも呼んでいた様である。

（中村 智）

1『流山の道』流山市立博物館

〈ガイド〉
（松71）東武野田線江戸川台駅から京成バス松戸駅行き富士見台下車すぐ。

西深井の坂

どおーの坂

西深井1808番地（株）ヤクワ脇の坂を、どおーの坂と呼ぶ。昔、お堂のような小屋があったと言う。市道2029。どおーの坂を下りて左手・南に歩くと西深井湧水がある。坂を下って右手・北に行くと、におどり公園、利根運河がある。におどり公園は桜の名所のひとつ。

利根運河を渡る「西深井歩行橋」は、昔この橋を「仲人橋」とも言っていた。若い男女が行き来してロマンスが発生、仲人を頼むことに。

どおーの坂

天理様の坂

西深井390番地の1西深井地域生活支援センターすみれの北隣の坂である。市道202。

西深井406の5の鈴木氏が天理様と呼ばれていた。その前の坂なので、このように呼ばれた。

天理様の坂、おみどの坂

おみどの坂

西深井のグループホーム「わたしの家」の北側の道、市道02054を西に行くと坂になる。この坂を、おみどの坂と呼ぶ。

竹藪の中に馬頭観音が安置されている。坂の南側の西深井177の5の遠藤氏の屋号から「おみどの家」と呼ばれていた。

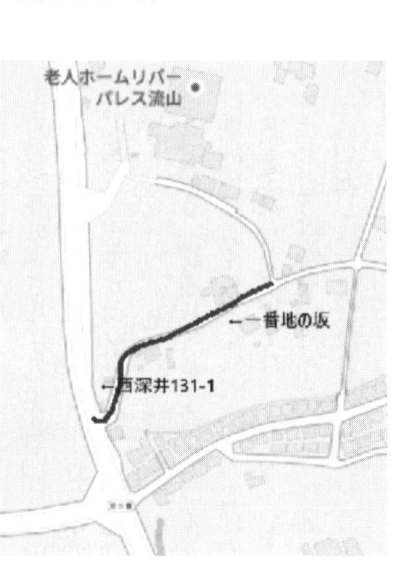

一番地の坂

流山市西深井131の1の宇佐見氏の前の坂で、坂下（さがじた）の坂とも言う。市道02061。この付近は1番地ではないが、西深井の集落としては、集落の「一番」南側に位置しているところではある。

（中村　智）

一番地の坂

〈ガイド〉
東武野田線運河駅から約1キロ

馬坂（うまさが）

富士見坂と言われた

馬坂は、流山市南160番地と南182番地に挟まれた南区画56号線を言う。日本地理院地図（電子国土Web）で見ると、坂上が海抜19・6m、坂下が8m、高低差11・6mあり、長さ約120m、勾配9・7%の急坂である。

地元では今でも「んまさが」と呼んでいる。

流山市南地区の酒巻正八郎氏が「半割の方に行く坂を馬坂（ウマサガ）と呼んでいました。馬が通るから馬の坂。それを縮めて馬坂ですね」と語っている。[1]

馬坂（うまさが）だけではなく、おみどの坂（さが）、西の坂（さが）のように坂を全部「さが」と呼ぶ。この地方の方言、訛りかも知れないが、土地の特徴、生活の状況から来ているようである。

この辺りは台地に居住し、田圃の多くは江戸川左岸の新川耕地にある。朝初めに農作業に行くとき坂を「さがって」行く。まずはさがるので坂を「さが」と言うことになったと思われる。

理想的な緩い南東斜面に建つ、北564の大作菊三氏宅が屋号で「さがりの家」と呼ばれている例もある。

馬坂

馬坂の名が消えた

馬坂で検索すると「馬坂は、地元では富士見坂と言われていた。現在、常磐道へのアクセス施設で視界が悪くなってしまった。更に、GLP施設が完成すると、この坂道からは富士見ができなくなりそうだ。またひとつ富士見坂が減って行く」との記事が出てくる。

筆者はこの馬坂がある旧新川村南地区に昭和14年に生まれ、馬坂を利用し牛車で上り下りをしながら育ったが、馬坂を富士見坂と言ったことはなく、富士見坂と呼ぶのを聞いたこともない。

この度、南地区に在住している同級生二人、大正15年に馬坂を上り切った所で生まれ、南地区に嫁いだ人に聞いてみたが、富士見坂とは聞いたことがないとの証言だった。昭和30年頃までは馬坂は勾配を緩くするために、途中で南に急カーブしていた。その上木が覆いかぶさっており、坂の上からも途中からも富士山を眺めたことがない。

富士見坂と呼ばれたのは馬坂の急カーブが直されて、坂の途中から富士山が見えるようになってからかも知れない。令和元年でも馬坂の上からは見通せない。

坂の途中緩く曲がってからは遠くが見通せたが、令和元年になって倉庫が出来て、富士山は全く見えなくなってしまった。その上何と、平成30年4月1日から流山ぐりーんバスの「南馬坂下」のバス停名を「GLP流山Ⅲ前」に変更され、バス停の名前から馬坂の名前が消えてしまった。

（中村 智）

1 『流山の道』流山市立博物館

〈ガイド〉
流山ぐりーんバス江戸川台西ルート「GLP流山Ⅲ前」下車1分

ハイコシ（這越）

ものすごい坂　ハイコシ

流山市南地区の酒巻正八郎氏（大正９年）が「今上落としの所に這越（ハイコシ）と言うものすごい坂がありました。この坂は、今はそんなでもありませんが、耕地整理[1]をする前は急な坂でしたね」と語っている。

石井實氏（81）宅を訪問し、ハイコシと呼ばれていた坂を示すと「今上落しのここの土手は削った。その前はもっと急だった。三郷（さんきょう）[2]から真っすぐ来る今上落しの土手は今でも急な坂だ」と語った

ハイコシ

下図の一番奥が江戸川の土手で、その手前の左右に伸びる土手が今上落しの土手。写真手前から今上落としの土手までがハイコシと呼ばれていた坂である。

今上落としの土手とハイコシの交差点に立つと今上落としの土手の両側が傾斜していて、削って低くした様子が見える。更にハイコシ部分は盛土をして、傾斜がゆるくなっている。ハイコシと呼ばれていた頃の様子が偲べるのは、写真右の畑から今上落としの土手への急傾斜の姿である。

ハイコシを西に行くと江戸川の土手に突き当たる。土手を上って下りた所に半割の渡しがあった。今は碑が立っている。

筆者の母の実家は埼玉県北葛飾郡旧三輪野江村会野谷で、実家に行くには、ハイコシと呼ばれていた坂を上り半割の渡しで行った。帰りは船頭さんが千葉県側にいるので、向こう岸から「おーい」「おーい」と大声で呼ぶと、農作業を止めて船頭さんが船を漕いで来てくれた。オオヨシキリが盛んに鳴いていた。懐かしい思い出である。

筆者はこのハイコシがある旧新川村南地区の生まれ育ちであるが、「ハイコシ」と聞いたことはない。

（中村　智）

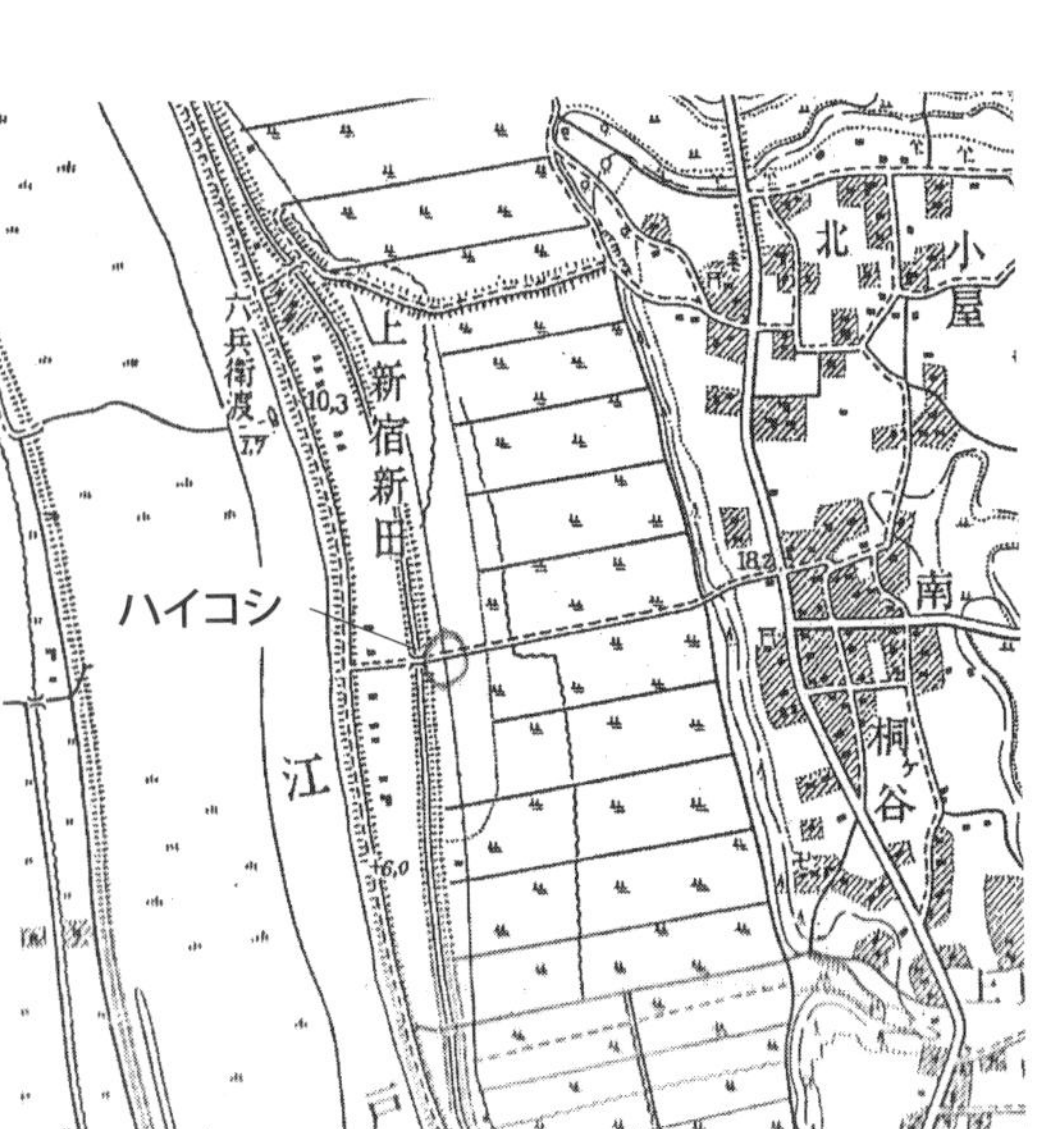

1　『流山の道』流山市立博物館
2　流山市桐ケ谷、谷（やつ）、上貝塚を総称し三郷（さんきょう）と呼んでいる。

〈ガイド〉
流山ぐりーんバス江戸川台西ルート「ＧＬＰ流山Ⅲ前」下車約10分

平方の坂

ハシローリ

ハシローリは、意味不明の名である。昭和14年生の筆者の同級生7～8人に取材を求めた。西深井生まれの数人から「新川小に通うのに、県道は通らず、近道のハシローリの急な坂を通った」との話を聞けた。なぜハシローリと呼んだか、屋号か、小字か、どのような字を当てるのか、聞いてみたが同級生は誰も知らなかった。

ハシローリ

旧友のつてで、ハシローリに接する伊藤公明氏（83）を訪ねた。「急な坂で下りる時、自然に走ってしまう。走って下りる坂だからだ」が答えだった。「走り下りる、はしりおり、ハシローリ」と変化した名だった。伊藤様に心からお礼を伝えて辞した。

旧友がこの坂を通ったのは、約70年前である。当時は坂の両側から木の枝が坂を覆って薄暗かった。急坂だっただけではなく、薄暗くて怖いので走った人もいたと思われる。現在のハシローリからは、当時の様子は全く想像できない。

金山下坂（かねやましたさか）

市道05011号。小字金山下にあるので金山下坂という緩やかな坂。坂の途中から土地改良記念碑に下りる急な坂もある。

金山下坂

土坂（どさか）

市道05014号。南に向かって緩やかに下る坂である。仙適坊（せんてきぼう）の墓地の外側をぐるりと取り巻くように下る。筆者の小学校からの同級生で平方生まれの杉村清君が元気なころ聞いた話では「土坂の土は冥土の土だと言われて居た。だから子供のころはこの坂を通るのが怖かった」と言っていた。

（中村 智）

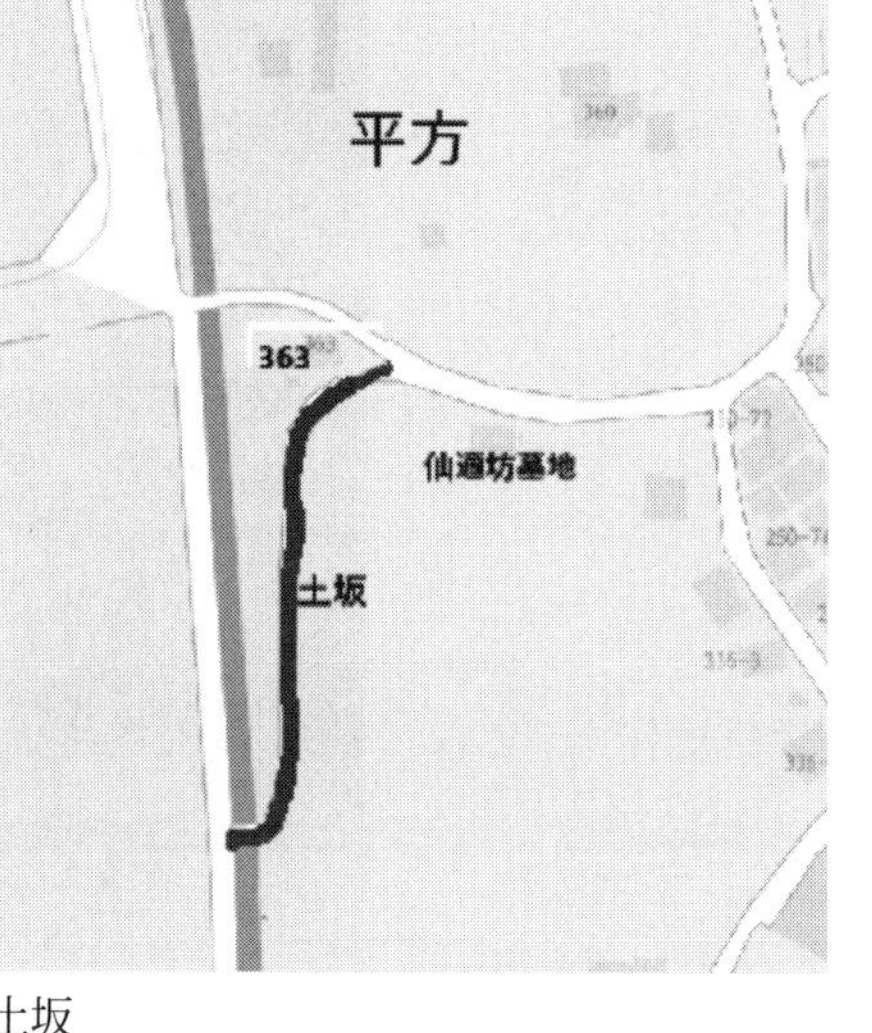

土坂

〈ガイド〉
江戸川台駅西口から松75で美原3丁目バス停下車約700m徒歩15分

中野久木・北小屋の坂

愛宕様の坂（あたごさまのさか）

中野久木293の愛宕神社入口から下がる坂。市道06013。この坂は、新川小学校の持久走で、江戸川の土手までの往復で、走らされた記憶がある。

愛宕様の坂

北小屋の馬坂（きたごやのうまさか）

市道17032。下り終わりの辺りに仏の碑（文化元年、215年前）がある。ここで行き倒れになった旅人を弔ったもの。近くの方が丁寧に弔っている様子がうかがえる。

北小屋の馬坂に有る無縁佛碑

赤坂（あかさか）

流山にも「赤坂」がある。別名三尺坂（さんじゃくさか）とも呼ぶ。坂を下りたところの西に連なる低い土手が江戸川まで続いている。この土手が三尺土手と呼ばれており、その土手に行く坂なので、三尺坂と呼ばれている。

（中村 智）

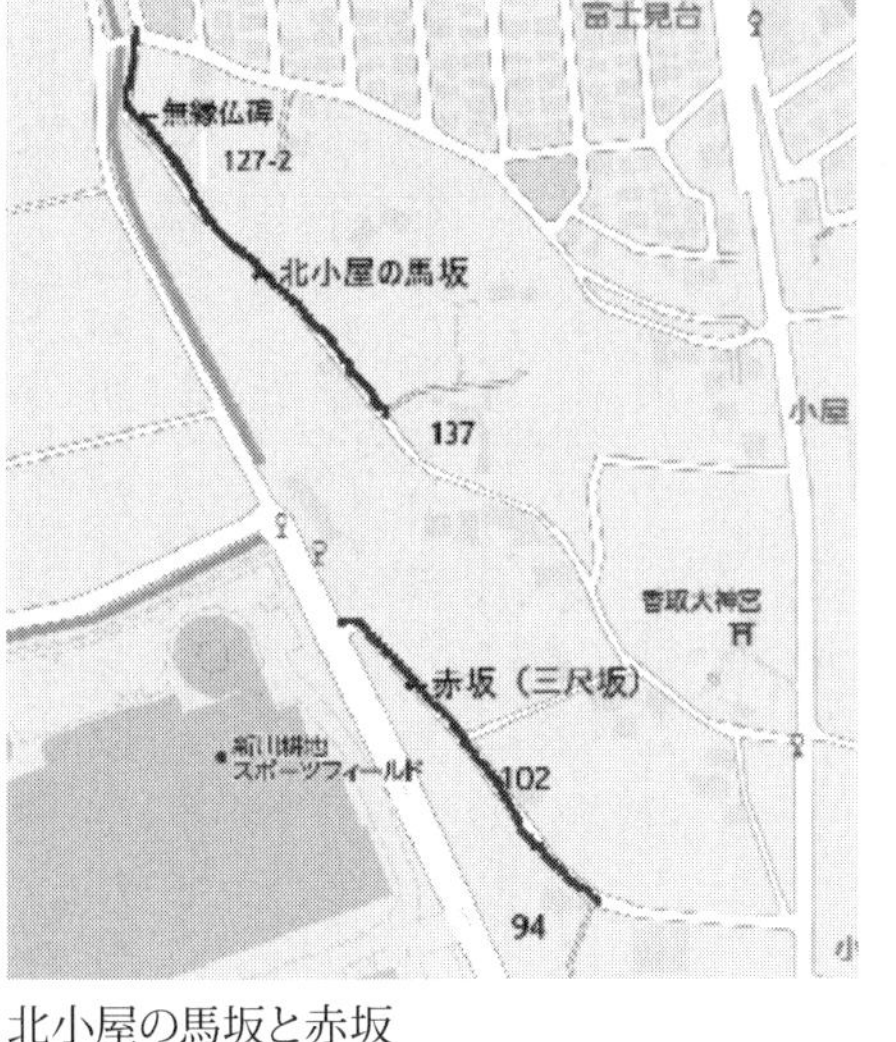

北小屋の馬坂と赤坂

〈ガイド〉
グリーンバス「赤坂橋」バス停徒歩3分

南の坂

神明様の坂（御幣坂）

神明様の坂は流山市道１９０２１で、神明神社の北側に接する。秋元大吉郎氏は、「御幣坂と呼んでいた」と言う。なぜ御幣坂と呼んだかと言うと、神職さんが江戸川土手近くの家々のお祓いをして、終わって御幣をかざしながら、この坂を上ったからだという。「良い名前だなー、と思った」と感想を述べていた。

この坂は人が一人歩ける程度の幅であった。坂は丸太を横にして両側に木杭を打って止めてあった。丸太は定期の修理が必要だった。共同で道を直すのを、道普請という。地域の青年団はそれを終えると宴会が待っていた。

神明様の坂の入口

お寺の坂の入口。塀に沿って突きあたりから坂が始まっていた

お寺の坂

お寺の坂は、南２０２の1西善院の北側に接する坂である。神明様の坂と同じく人が歩ける程度の幅で丸太作りであった。市道１９０３１号である。

朝は田圃に下がり、昼に上がってくる。午後又田圃に下って夕方坂を上がってくる。農作業に疲れて少しでも近い坂を行き来したいので、歩きの場合、馬坂は遠回りで使わない。どちらを使っても同じであったが、子供のころ、私はお墓のあるお寺の坂は怖いと感じて主に神明様の坂を使っていた。

令和元年、この二つの坂は、坂の入り口までは道があるが、坂の部分は木が生い茂っており、坂がどこにあったのか分からなくなっていた。

（中村 智）

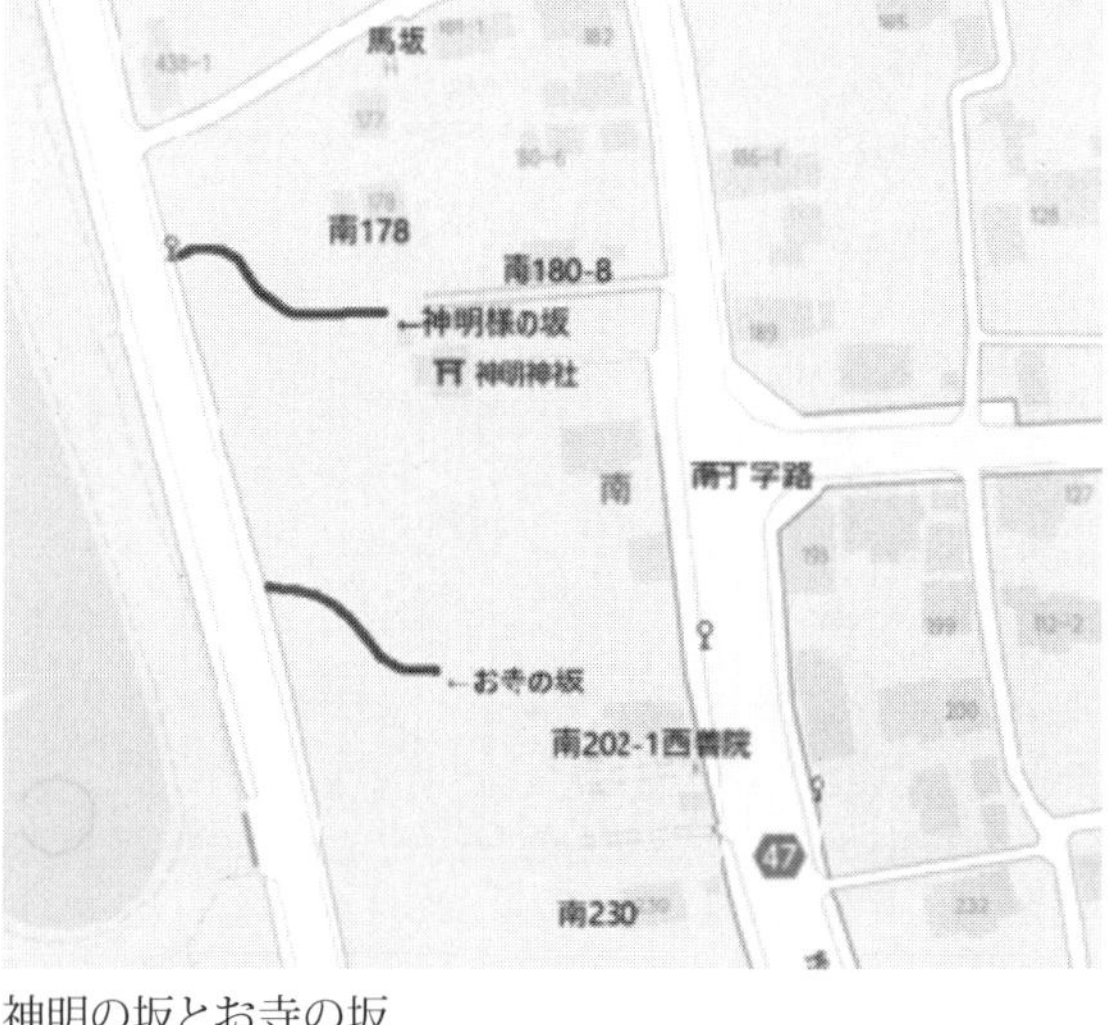

神明の坂とお寺の坂

〈ガイド〉
東武野田線江戸川台駅西口から京成バス香取神社下車徒歩約６分

三郷・下花輪の坂

西の坂

三郷（さんきょう）の「西の坂」は、筆者の子供のころの遊び場の一つだった。坂の下には清水が湧き、ヘビが沢山いて卵もあった。地元では一番西に位置するため西の坂と呼んでいた。坂の北側に屋号「西の家」がある。集落の一番西に位置するので。集落の位置関係で屋号に成る例としては、南集落の一番北に位置する家が「上（かみ）の家」、集落の一番南に位置する家の屋号は「さんぺどん」であるが、「南の家」とも呼ぶ。

現在、西の坂は車両通行止めだが、歩行は可能。この坂を今回70年ぶりに上り下りした。

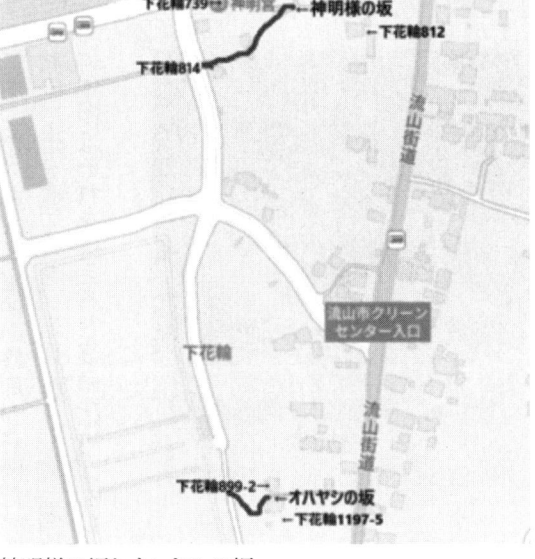

神明様の坂

下花輪739の神明宮に接する坂。流山市道23008である。

オハヤシの坂

下花輪899の2と下花輪1197の5に挟まれた坂。市道23013の坂は、現在、草木が生い茂り、坂の様子も見えなく歩行が困難。

下り始め辺りに馬頭観音が建つ。

西村さんの坂

市道23015号で、坂の北側に下花輪1205番地がある。近くに西村姓の家があるので、坂の名前はこの坂の近くの西村姓に由来するものと思われる。

（中村　智）

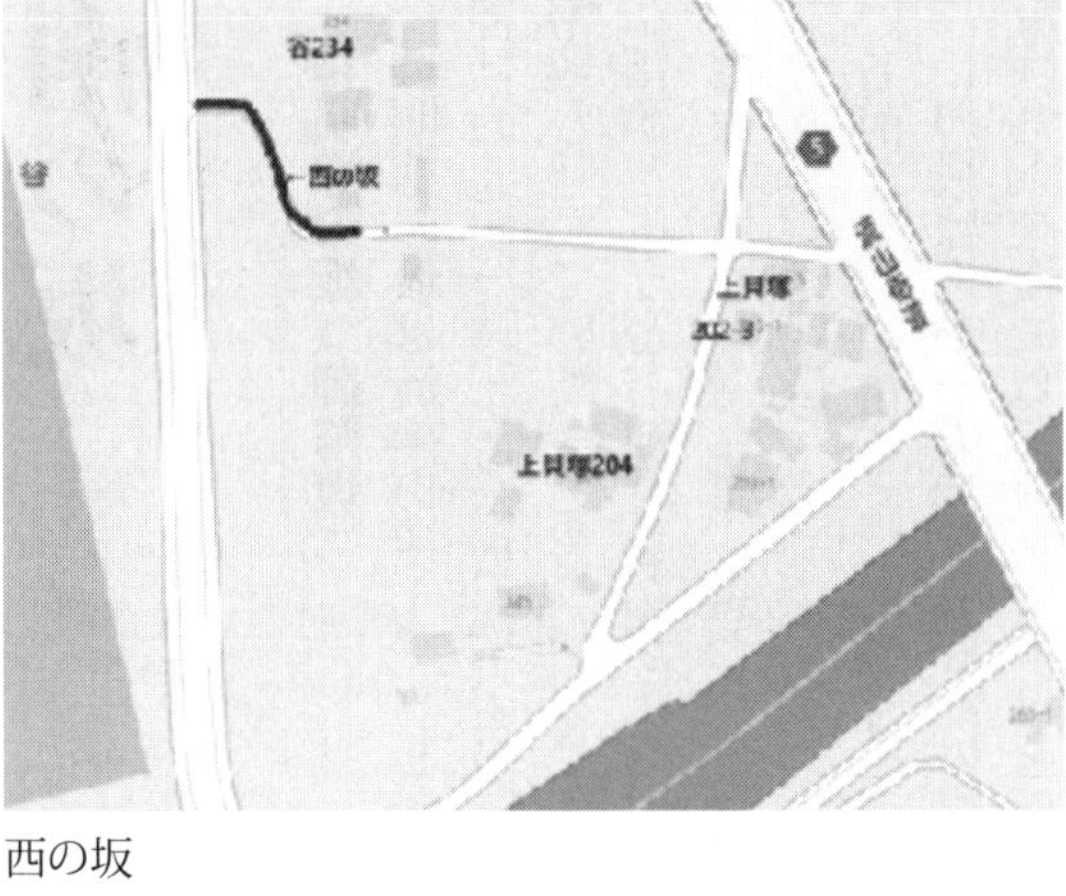

西の坂

神明様の坂とオハヤシの坂

西村さんの坂

三郷の坂

三つの村が入り組んで

三郷の坂

流山市上貝塚にある「三郷の坂」は、コミュニティプラザと呼ばれる流山勤労者福祉センターに付設されたテニスコートの側をカーブしながら、西の方向に上る坂である。まず三郷とはいったい何を指すのか調べてみると、桐ケ谷、上貝塚（貝塚）、谷（谷津）の三つの村を指しており、坂はその村々が複雑に入り組んだ場所にある。大正生まれの地元民の話によれば、谷津坂とも呼ばれていたようである。[1]

一つの村に複数の領主

この複雑さは、江戸時代にあった多くの村々が、一つの村に対し、複数の領主が割り当てられた相給村落であったことに由来している。[2]

江戸時代からの分割図を見ると、幕府領、旗本領、田中藩（本多）領などにわけられており、この地域は、幕府領と旗本領になっている。

明治11年（1878）、郡区町村編制法により千葉県に21の郡が設置されたが、7つの同一郡内に同名の村が存在する結果となった。[2]その不都合を解消するため、翌年、東葛飾郡では、「貝塚村」と、「谷津村」が改称の対象になり、二つあった「貝塚村」は、南側に位置した市川市域の村は「下貝塚村」、北側に位置する流山の「貝塚村」を「上貝塚村」、野田市域の「谷津村」に対し、流山では「谷村」となった。

坂の長さは160m、幅は3mほどで、やや急坂である。坂の両側は鬱蒼と樹木が生い茂り、この地域が山林だったことをうかがわせる坂を上っていくと、左前方に、多くの末寺を有する西栄寺がある。三郷の坂の左手には、西栄寺の脇に出る細い坂道もあり、信徒はこの坂も使って西栄寺に詣でていたのではないかと思われる。ここには、市の指定有形文化財、「観音菩薩立像」（琵琶首観音立像）「阿弥陀如来坐像」「大般若経600巻」などがおさめられており、流山新100か所めぐり第37番指定の荘厳な寺である。

坂の下（東側）にはおおたかの森高校、野球やサッカーで賑わうスポーツフィールド、水道局などがある。コミュニティプラザ内の敷地には「新鮮組」とよばれる地元産品を販売する店もある。北側には、グランドゴルフ専用の広場があり、天気の良い日は、大勢のプレイヤーの姿がみられる。

坂道の脇に住む人によれば、テニスコートなどができる前はもっと狭い坂道で、雪が降ると、竹スキーを楽しんだという。上貝塚の名の通り、畑からは、たくさんの貝が出るというから、おそらく古代は海だったと思われる。

（辻野吉勝）

1『流山の道』1995年　流山市立博物館
2『流山の地名を歩く』2014年、流山市立博物館

〈ガイド〉
流山市上貝塚。東武野田線初石駅より約15分
コミュニティプラザ（勤労者福祉センター）
1992年にオープン、1階に卓球やバレーもできる室内競技場、2階には視聴覚室や講義室、夏場の室外プールもある。

半塚坂（はんずかさか）

大字大畔唯一の坂

TX線流山セントラルパーク駅西口から地図を頼りに大畔の天神社を目指すこと約16分。半塚坂跡（図1）は天神社横の道沿いに残る。

坂の存在と呼び名を文献で知る

流山のほぼ中央の大畔で大正5年生まれの入江友治氏は、『流山の道』[1]で「大畔の中にある坂は、半塚坂くらいですよ」と語っている。調査員の小川浩氏は、「半塚坂という坂道（幅員2間）があって、田圃や桐ケ谷、三郷へのちかみちであった」とも記している。

半塚坂を踏査と調査で確認

同書95頁の現地略図とグーグル・マップから、半塚坂の位置は、北緯約35・8752、東経約139・9108と読んでから、半塚坂を探す。半塚坂跡は、天神社横の道（大畔区画3号線[2]）をほんの少し北に行った先の左手に発見できた。道の右先には入江農園がある。坂跡は樹木、竹や草本で覆われているが、下り坂の道があったことが分かる。

半塚坂は、流山市道路台帳図に「認定外道路」と記され、図の標高表記から、高16・6m、低10・4mから坂の標高差は5・2mと読む。坂下は大畔区画1号線と交差する。また、陸軍迅速図に坂道を含む小径の存在を確認できる。

半塚坂跡の坂上から坂下方向を覗く

半塚坂位置の略図『流山の道』95頁から

半塚坂が廃道となった理由

入江友治氏のご子息にお聞きすると、「半塚坂は私が小学校に入る前の昭和30年代前半は使っていた。リヤカーが通れる位の幅の土坂で、田んぼへ降りる近道として重宝していた。坂下には水が湧き出し、池が出来ていた。この池から、田んぼに水を引いていた。田んぼは、現在の流山コミュニティプラザから南一面に広がっていた。その後、坂道に砂利が敷かれ、後舗装された。50年ほど前、坂上の土が雨の度に崩れ始めたため、坂上に土留の丸太を置いた。丸太で段差ができてリヤカーが通れなくなり、半塚坂でなく、天神社横の道を使うようになった。半塚坂消失の最大要因は、北千葉広域水道事業団浄水場の建設が昭和48年に始まったため。浄水場設置により田んぼの排水ができなくなるというので、田んぼを全部買い上げてもらい、田んぼを手放したこと。田んぼがなくなれば、半塚坂もいらなくなった。」

（新保國弘）

1 『流山の道』流山市立博物館、平成7年
2 流山道路台帳図、11の14

〈ガイド〉
天神社　流山市大畔297
つくばエクスプレス流山セントラルパーク駅（西口）徒歩約16分の天神社横の道の北左手先。

西初石ホームタウンの坂

絵画が伝える長い坂

東武野田線初石駅の真向かいにある千葉銀行の左側の道を真っすぐ進むと、江戸川台に続く広い道路にでる。そこを横切って行くと、左手に赤い屋根の瀟洒なタウンハウスが見えてくる。駅からは、7分ほどである。

公団から売り出されたのが、1981年4月。セールスポイントは、「最寄駅から7分、上野まで38分、自然林を背景にのどかな街並、119戸すべて35㎡以上、専用庭付き」というものであった。

三瀬六郎画
『長い坂』

たしかに外国の風景にあるようなモダンな家並みである。しかし、当時の流山は下水道も完備していない田舎で、完売に5年近くかかっている。

車止めのある坂

ホームタウンに沿うように100mほどの長い坂がある。なだらかだが、自転車で登る人は、ほぼ途中で降りることになる。坂を下り切ったところに、金属製の車止めが撃ち込まれており、途中まできた車は、それに気づいて引き返えさざるを得ない。車止めには小さなカギがかかっており、緊急の場合は開けられるようになっている。

理事長さんによれば、私道のときにつけたものだとか。10年前に市道になった際、車止めは外してもよかったのだが、坂の下に広がる若葉台団地の希望もあり、つけたままになっているという。

しっかりした自治で景観を保つ

公団のうたい文句にもあるように、坂の脇には貸農園や畑がひろがり、坂の途中から山林の面影を残す樹木が生い茂っている。

入居者によると、当初は野ウサギ、タヌキ、アカゲラもいたが、近くに西初石中学校ができて生態系が変わったという。いまはアパートになったが、公園もあって雪が降ると、坂道でスキー遊びもできた。

公団にとっては、実験的な建造方式で、二階建てで4～5軒ずつ長屋のように連なっている。がっちりした鉄筋コンクリート建てで、当時としては高額で、入居者の意識も高い。

毎年総会も開かれ、管理組合を通して樹木の手入れなどメンテナンスが行き届き、38年経ったと思えないほど、きれいである。

しかし、やはり高齢化で子どもの姿は見かけない。緑で鬱蒼としていた初石もTX開通に伴い、マンションや住宅が立ち並ぶようになった。

この坂道を日曜画家の三瀬六郎(1)さんが、やさしいタッチで描きのこしている。

（辻野弥生）

1 三瀬六郎（1916～2006）元流山市立博物館友の会会員。国税庁勤務のかたわら、日曜画家としてチャーリー会に所属。東京で5回、流山でも郵便本局や障害児が働く喫茶室などで、個展を開き好評を得た。

〈ガイド〉
流山市西初石3丁目1472
西初石駅より徒歩7分

西初石小学校の坂

二つの坂にはさまれて

三瀬六郎画『通学路―西初石小学校』

初石は、東武野田線の線路を挟んで西と東に分かれている。東側には、つくばエキスプレス開通に伴い、高層マンションが立ち並ぶようになった。

初石駅の改札は、西側にしかなく、駅を背に真向かいの千葉銀行の左がわの細い道を進むと、江戸川台に通じる広い道路に出る。そこを左に曲がって理髪店のある信号から右折して真っすぐ450mほど歩くと、西初石小学校の正門に突き当たる。昭和52年（1977）4月に開校して、現在の生徒数は776人である。

まるで学園都市

小学校の右手前に昭和60年（1985）開校の西初石中学校がある。学校が建つ前は深い林で、ひとりで歩くのが怖いほどであった。江戸川台の北部中学校の生徒数が多く、マンモス化したため、新設することになった。現在の生徒数は310人。

さらに小学校の左奥には、県立おおたかの森高校がある。前身は流山初の県立高校の流山中央高校だが、平成20年（2008）に県立流山東高校との統合により誕生した。

小、中、高の三つの学校があるために、登下校の時間はまるで学園都市のように生徒たちが行き交い、賑やかである。

校門の左手前に大きな屋敷がある。常磐高速道の建設に伴う代替地として、昭和54年（1979）に駒木台から越してこられた。

小学校や中学校のある所は、台地のように突き出ており、下に若葉台団地が広がっている。土地の人によると、小学校ができるまでは、樹木が生い茂り、子どもたちが走り回る格好の遊び場だったという。

校門の左右に坂道

西初石小学校は、校門の左右に坂道がある。左側には、おおたかの森高校への50mほどの急坂があり、右側には、コミュニティープラザの方にカーブしながら下りてゆく坂で、これも100mもない急坂である。自転車で下ると、爽快感と怖さが相半ばする。

校長の塩野述子先生によると、校歌にも「緑の中の高台に」という歌詞が織り込まれており、春は校庭の桜が素晴らしいとか。近くには、鬱蒼とした「小鳥の森」も広がっており、自然豊かな環境である。

以前は、この坂道を上って通学する学童が多かったという。三瀬六郎[1]さんという地元の〝日曜画家〟が懐旧の、その光景を絵画に収めている。住民の高齢化により、今この坂道を利用する生徒は、100人に満たないという。

（辻野弥生）

1 前頁参照。近辺の江戸川、上貝塚の地蔵、小学校の通学路などをスケッチ。5枚1組の絵葉書は障害者の店の運営資金にもなった。

〈ガイド〉
流山市西初石4・347
西初石駅より徒歩15分

神宮寺坂（じんぐうじさか）

調圧水槽の脇を上る坂

神宮寺坂の経緯

平成6年調査の『流山の道』の中で、話者は「神宮寺坂は大畔から三輪野山へ向かう坂」と話されている。(1)

現在、茂侶神社の東側に北千葉浄水場の三輪野山調圧水槽があるが、『流山の道』に記された神宮寺坂は、調圧水槽の横の坂を上り、道路の反対側の三輪野山4丁目方向へ進んだのち、江戸川方向に曲がって記されている。

寛保元年（1741）の「三輪野山村絵図」を見ると、ちょうど調圧水槽のあるあたりに「神宮寺」が描かれていて、名前の由来であることが確認できる。(2)

昭和30年代頃まで、大畔や十余二や駒木台方面の人が、流山へ買い物に行く時は、大畔の中を通って、この坂を上がり、三輪野山を越えて行ったのだという。(3)

「その頃あのあたりの道は、木が生い茂る細い道だった。集落と集落の間は、あの世との境目という意識があり、そういう所を通る時、人は緊張する。ムジナやタヌキに化かされたという話が出てくるんです。そういう道はあちこちにあった」と、小川浩さんが話してくれた。

神宮寺坂を横切る形で、新しい道路がつくられたのは昭和43年頃で、当時の広報に大きな写真付きで、「三輪野山～十太夫線、延長2600m、幅員12m、6ケ年の継続事業で、昭和43年には完成する」と、昭新しい町造りに期待を込めて伝えられている。(3)

この時、神宮寺坂は大きく姿を変えた。三輪野山側も、平成に入ると区画整理が行われ、今は新しい住宅が建ち並んでいる。

三輪野山側から見下ろす（令和元年7月）左手にあるのが調圧水槽

広報ながれやま（昭和40年）に掲載された三輪野山～十太夫線（『懐かしの流山Ⅱ』から）

新しくできた坂

神宮寺坂は下の方を残すのみとなったが、新しくできた道に坂が誕生した。茂侶神社のある三輪野山の台地から警察署へ下る坂である。一直線にのびる道はかなり遠くまで見通せる。神社に近い方が急坂で、徐々に緩やかになり、警察署の前付近は平坦となる。ここは道程も長く、上りはきつい坂である。茂侶神社前と警察署の前の高低差は8・6mほどである。

私事ながら、主人の家族が東武鉄道開発の東初石の住宅地を購入したのが昭和41年。初めて江戸川台駅から初石に向かって歩いた時、広い道が気に入ったのだという。昭和40年代、このような家族が増え、市内各地で道路の整備が求められていた。

この道は都市軸道路の一部に計画され、さらに変化を遂げようとしている。(4)

（岡村純好）

1 『流山の道』流山市立博物館
2 『流山市史　近世資料編1』
3 『懐かしの流山Ⅱ』流山市立博物館
4 都市軸道路　埼玉県三郷市から千葉県流山市・柏市、茨城県守谷市・つくばみらい市を通り、つくば市に至る、建設中の都市計画道路。ほぼ全線がつくばエクスプレスに沿っている。

〈ガイド〉
茂侶神社　流山市三輪野山5・619
東武野田線初石駅・つくばエクスプレス流山おおたかの森駅下車徒歩約25分

金剛院坂（こんごういんさが）

溶鉱炉の見えた坂

金剛院坂は、茂侶神社から江戸川方面に下りる坂で、『懐かしの流山Ⅱ』には「土地の人びとによって『コウゴインサガ』と名づけられた急坂もあった」と記されている。[1]

三輪野山に住む立原さん（昭和16年生）は、「おれらの時代には寺はもうなくて、お墓だけがあった。墓は区画整理されて、（三輪野山3丁目の）鉄塔の下に引っ越したが、その鉄塔の手前に金剛院があったらしい」と話す。

発掘調査でも、鉄塔の60m程北側に寺院らしき跡が確認された。また、西栄寺にある末寺住職の過去帳の中に、金剛院住職の名が記されており、残された墓の名と一致したことが、博物館学芸員によって確認されている。[2]

立原さんは「昔の道は、コの字型に曲がってくねくねしていた。狭い道だったが、農家の道だから、リヤカーやウシグルマが通れるくらいの幅はあった。今の消防署の脇の細い道につながってい

茂侶神社側から望む（令和元年7月）

た」と話す。

現在のまっすぐな道に整備されたのは、昭和40年代。冬の朝などには、この坂のてっぺんから遠く江戸川のむこうに、富士山の姿を見ることができる。

日本金属粉末（株）

金剛院坂の下端南側の高台に「日本ブラストマシン」の工場があった。ここに工場ができたのは昭和33年で、当時は日本金属粉末（株）という名前だった。高台の上に溶鉱炉があり、時折、溶鉱炉から火の粉が舞い上がるのが、遠くからも見えたという。

昭和25年に、前身の日本鋳工（株）に入社し、昭和42年まで日本金属粉末（株）に勤めた野能明さん（昭和9年生まれ）に、工場のお話を伺った。

「日本金属粉末（株）は、ショットブラストマシンという機械を作っていた。それは、できた金属製品に、球状のショットという鉄の粒を叩きつけるように吹き付けると、表面の『砂』がきれいに取れ、耐久性が増すという機械。その仁丹粒ほどのショットという鉄の粒を作るには、溶鉱炉でドロドロに溶かした鉄が樋で流れてくるところに、水圧をかけた水をシャッとあてると、鉄が花火のようにいろいろな大きさの粒に飛び散り、水槽タンクに落ちる。目の大きさの異なるメッシュに順に通して、不純物や大きなものを分ける。その工程を、高台の斜面の傾斜を利用して行っていた。できた粒はスコップでかき回して乾燥させ、25キロの袋に詰めた。それが鋳造部。高台の平地には、機械本体を作る工場、検査室、お稲荷さんがあった。機械部に移ってからは、神田鍛冶町の本社に通い、浜松や名古屋など各地を回って販売した」という。

会社は日本鋼管の系列となり、昭和46年に日本ブラストマシン（株）と名称変更、昭和63年に流山工場は閉鎖した。工場の跡は平成20年頃から住宅地となった。[3]

高架道路の建設

そして今、この坂のある道は、道幅を広げる工事が進行している。この先の江戸川に「三郷流山橋」（仮称）が架かる計画で、高架のまま流山街道を立体交差し、茂侶神社手前で地表に降り、その先はつくばエクスプレスの線路に沿う道路に接続する。坂の上に高架道路がかかることになる。

（岡村純好）

1 『懐かしの流山Ⅱ』流山市立博物館
2 『三輪野山遺跡群』流山市教育委員会58頁
3 山本文男『流山産業人国記』平成22年

〈ガイド〉
東武野田線初石駅下車徒歩約25分

地蔵坂（じぞうさか）

お地蔵さまはいまどこに

東京に聖坂があるようにわが街に、地蔵坂のあることを知ったのは最近のことである。

陽の当たる坂道には、それぞれ人々の思い出や歴史がある。しかし地蔵坂にお地蔵様が今ない。その名の由来を知りたいと思い、加の交差点から地蔵があったと思われる市野谷への旧道や、キッコーマンアリーナへの県道を歩いたがその坂名を知る人はいなかった。市野谷の森には江戸の初期より、氏神様として天神社が祀られている。加村には鎌倉時代創建の氏神様がある信仰深い地域である。お地蔵さまは、子どもを守る仏様としてよく知られ、人々の苦難を救ったとある。市内のお寺の入口畑の道にも6地蔵尊が並んでいる。昔から飢饉や地震、大雨、洪水などの災害の不安や事故、病から人々を救ったのは信仰であった。

平安時代に広まったお地蔵さまはお釈迦様が亡くなって、弥勒菩薩が現われるまでの無仏の時代にすべての人々を広大慈悲の心で救済する菩薩信仰である。六道（地獄界、餓鬼界、畜生界、修羅界、人間界、天界）を自ら地蔵が歩き、身代わりとなって、人々の苦難を救ったとある。

明治7年に流山町から市野谷を通り、豊四季へ行く県道ができた。古道の一部は残っている。

この辺りに古くから住む87歳の人は、地蔵坂は知らないが、坂ではなく秋谷さんの屋号ではないかという。加の交差点近くの、エビハラ商店の店主も屋号だと言われた。地元の古老がいうからそれは間違いない。しかし、秋谷家のあったその地は更地になっていた。近くに秋谷信吉さんのお宅があったので、尋ねてみた。代々田畑をもつ十何代も続く農家で、昔は一軒家だったという秋谷家。近くには地蔵があり、坂があるからか「地蔵坂」と言われていたという。お地蔵さんのある坂に住む秋谷さんという意味の愛称で呼ばれたのだ。

加の方から市野谷に行く旧道の下りの左、現在の県道の合流点近い所に秋谷氏の本家はあり右の二階屋、空き地の辺4の3にお地蔵様が建てられていて、空き地へ移動したらしい。昔は県道の右側は台地で、子どもの頃、お地蔵さまの頭を撫で、近くの高台や松林、野原で木苺の実を食べ、栗を拾い、アケビや桑の実を食べて遊んだという。高台の土は江戸川の土手の補強する治水工事のため運ばれたと言う。地蔵様は2体だったらしい。平和台の森に移動されたと聞く。平和台の大宮神社の杜の参道の脇に石仏が何体もあり、寛文7年（1667）10月5日創建の立派な舟型地蔵立像が祀られている。

（森　弘子）

〈ガイド〉
TXセントラルパーク駅徒歩10分
〈参考資料〉
『八木村誌』流山市教育委員会
『千葉県葛飾郡誌』流山市
『流山の石仏』流山市立博物館

地蔵坂入口

平和台の森

地蔵尊

大坂（おおさか）

流山市役所前の急坂

大坂は流山市役所の北前にある坂である。今は県道柏流山線と呼ばれるが、かつては諏訪道と呼ばれたのは、諏訪神社への参拝道であったから。信者は埼玉が多く、矢河原の渡しへの道でもあった。

また、布施河岸（利根川）と加村河岸（江戸川）を結ぶ物流の道でもあったから、利根運河開通前は駄送される荷がこの道を経由して江戸、東京へ運ばれた。江戸からの物資も加村河岸から布施河岸へ運ばれた。利根川の渇水期には、ことのほか多かったと伝えられる。利根運河が開通して、布施からの物資はぐんと減ったことだろう。

大坂

旅行作家の山本鉱太郎は、大坂が雨や雪の後はひどいぬかるみだったと聞き書きしている。曲がりくねった急坂だったから、荷馬車が坂で立ち往生してしまったという。

現在大坂は新旧2本があって、旧道は歩行者専用路。道間に緑地が設けられ、新旧道は坂の上と下で合流している。

私は旧道を通って流鉄を利用していた。今でも旧道を左折して流鉄流山駅へ行ける。雪の日に辷って転んで仰向けに倒れたことがあった。それほど傾斜は急だった。傾斜は新旧同じである。

大坂を下り切った所に昭和30年代に新県道ができた。その先は坂下通りと呼ばれた道で、流山旧大通りとT字路になる。坂下通りは流山広小路の商店街で美濃源（みそ）、三河屋（呉服）、安田屋（酒）、大阪屋（元歯科医）などの老舗が軒を並べていた。

坂を上り切った所には坂上という姓の家がある。坂の上に住んでいるので坂上を名乗ったようで、この家は昭和40年代の初めまで炭焼きをしていた。炭は山で焼くものだが、小型トラックが普及して山から運び、屋敷で炭焼きをしていた。夜中でも窯を止めることがあったので、屋敷で焼く方が楽だったらしい。その煙が山国育ちの身には何とも懐かしかった。

坂の延長は約200m、旧道は弓なりに曲がっていて、北側には小倉醤油、飛脚屋、加村屋敷そのあと県庁（今は図書博物館）、加村の不動様があった。南側の坂の途中には市役所ができて人や車の出入りが多い。

明治初期、飛地山には牢獄や処刑場があった。処刑場があったので「飛血山」ともいわれてきたが、田中藩の「下総飛地の山」ではないか。近年飛地山が開発され、ぽっかりと歴史が飛んでしまった。

このように、大坂は加村と流山町の境にあった坂ゆえに、歴史がぎっしり詰まった所だった。現在も市役所や図書博物館があって、流山の中心地区になっている。

時代を遡ると、義賊と呼ばれた流山生まれの金子市之丞は、実は悪党で「大坂」でつかまったと芝崎の吉野家日記（流山市史近世編）に出ている。江戸期には今の「大阪」は「大坂」と表記されていた。金子は大阪でなく、流山の大坂で逮捕されたと解釈したい。

最後に、大坂で生まれ育って内科医院をしている椎名文雄さんに大坂の話を聞こう。「昔は大坂と呼んでいましたね。でも、今私は名前までは使っていません。坂と呼んでいます。80代90代の方は使っているでしょうかね。」

（青木更吉）

〈ガイド〉
流鉄流山線流山駅徒歩約3分

大原坂（だいばらさが）

曲がりくねった急坂

大原神社は西平井の鎮守さまで、西平井の台地外れにある。西平井は加と同じように台地も平地も含んでいて、台地の外れに神社は鎮座している。台地にあって平地をも見下ろせる見晴らしのいい位置だから、村の神様が座る場所としては申し分ない。

大原神社を私はオオハラ神社と読んでいたら、地元の方はどなたもダイバラ神社と呼んでいる。

それにしても、ダイバラ神社とは聞き慣れない神社で、流山ではここだけである。全国的にも超珍しい神社であろう。

大原神社の創建は江戸初期の延宝元年（1673）、祭神は大原権現という。明治42年に七郎神社を合祀した。この七郎神社というのも珍しく、7月20日の祭を七郎権現夏祭と呼ぶ。大原権現も七郎権現も調べても分からない神様である。

大原坂の8合目あたりに神社へ登る階段がある。12段登ると平らな境内になる。そこが、西平井台地の高さである。庚申塔が何本もあり、古いのは宝暦4年（1754）とある。

大原神社の前の坂なので「大原坂」と呼ばれて来た。西平井と加の一部を宅地造成した時、神社の坂なのでそのまま生かし、余り手を加えなかったのだろう。だから、急なまま、曲がりくねったままである。坂道の長さは約230ｍで、高低差があるのに距離は短く、傾斜は急で、高校生でも自転車では上れないだろう。

大原坂は急坂で曲がっている

平和台には、約20本の坂があるが、昔から名のある坂は北から大坂、大原坂、熊野坂の3坂だけ。大坂は加との境に、熊野坂は西平井との境にある。大原坂は平和台のほぼ真ん中にある。平和台に新しくできた坂は、60年たっても名前が付いていない。

大原坂下に住む葛岡昭男さんは、「20年近く住んでますが、大原坂と言う名があるとは知らなかった。坂の途中へのゴミ出しは、男衆が多い」という。

坂道の勾配が急だから、大原の坂とは呼ばずに大原坂と呼んでいたのを、岡本忠也（昭和6年生・故人）さんから聞いている。

大原坂は、3本の中で最も昔の姿を残しているが、自転車では子供や老人には危険な坂道となっている。道は細いし、S字状に曲がっているし、歩いてみただけで、この坂道はほとんど昔のままだったと分かる。

神社の周りだけ道がくねっているので、これは神社の神域に敬意を表して、道も昔のままにしたのかも知れない。

（青木更吉）

〈ガイド〉
流鉄流山線流山駅から徒歩13分

熊野坂

熊野坂か熊の坂か

江戸川の丹後の渡しから八木郷へ続く道を八木道と呼んでいる。その渡しを越えて、武蔵の国、江戸まで通じる古い道だった。『流山町誌』に八木野の渡しという名が出ている。八木野の渡しは、丹後の渡しの古名だと『みりんの香る街流山』にある。なぜ丹後の渡しに変わったかといえば、八木村の伊原丹後が開発した新田が丹後村だったから。今でも伊原という姓は西平井に何軒かある。

丹後の渡しに続く道が八木道で、熊野坂は八木道にある。そこから熊野神社はかなり離れている。それでも「熊野坂」と呼んだのは、熊野神社の存在による。今でも直線で約400mは離れている。

ここで八木道、八木郷の「八木」名の起りは、熊野神社のスダジイの伝説による。紀州の熊野権現本社から持ってきた、ドングリから成長したスダジイには8本の枝が茂った。元の八木村は8つの集落だったからという。ところが、西平井など3集落が神社を建てると3本の枝が枯れて、『こんにちは流山』には幹と8本の枝、枯れた3本の枝まで丁寧に図解してある。

この5本枝のスダジイは熊野神社の御神木になっている。神社の御神木は多いが、歴史や伝説を秘めた御神木は貴重だろう。

熊野神社の創建は不明だが、再建は天和元年（1681）という。祭神は櫛御気野命で、祭礼は10月9日である。

熊野坂の周りは平和台だが、戦後まで西平井だった。そんな関係で、熊野坂近くには元からの西平井の住人が多い。そんな関係で、平和台4丁目でも平和台自治会ではなく、4丁目の南半分は西平井自治会員である。

平和台4丁目の南半分は、道路がくねくね曲がっているのは農家が点在したのを生かしたからだろう。引っ越しをしないで造成を済ませたのだろう。平和台の他の所はきちんと区画されているのに、この周辺だけは例外である。

熊野坂の長さは450m。道路は弓なりになっているが、傾斜はゆるい坂が続く。

熊野坂は、お年寄りはクマンサガと訛って発音する。東葛の坂を土地の方は鼻濁音（ガ）で発音する。

私は「熊野坂」と表記してきたが、「熊の坂」かも知れない。なぜなら、熊野神社をクマン神社とは言わないからである。だから、熊の坂がクマンサガとなったと考えられる。

今も熊野坂は使われているのだろうか。西平井の旧家の岡本忠也さん（昭和6年生）から、クマン坂は熊野神社から出ている、稲をリヤカーで押し上げるのに苦労したと聞いた。ご子息の哲也さんに聞くと、「私は熊野坂と呼んでいない。父母からはクマン坂と聞いている。坂は、道幅が広くなったが、勾配も曲がり方も昔と同じと思う」

（青木更吉）

〈ガイド〉
つくばエクスプレス流山セントラルパーク駅から約8分

平和台と西平井境の熊野坂

天ヶ崎の坂

天形星神社を下る坂

「天ヶ崎の坂」と言われるのは、このあたりの小字が「天ヶ崎」だからである。(1)

場所は天形星神社を右手に見て流山運動公園の方に向かって左手にキリスト教豊四季教会を見ながら下っていく坂道である。ゆるくS字を描いている。

幅は3・5mから7・7mある。坂の延長は約160m。高低差は約11mである。この坂の勾配は結構きついので上りは大変だ。しかし、元気のよい中学生だと自転車に乗ったまま立ちこぎで上りきるところを見たことがある。

東武野田線の豊四季駅から徒歩で20分くらいのところにある「天形星神社」を右に見て間もなく下り坂になる。初めはけっこうきつい勾配だが、左に「キリスト教豊四季教会」の入り口あたりからは緩やかになる。目の前には、昔は水田が広がっていたが、今は埋め立てられて畑になったり福祉施設ができたりしている。それでも、まだまだ田園風景が広がっている。正面遠くに「流山市総合運動公園」を望むことができる。

天形星神社は右手後方。神社を通り過ぎたあたりから下り坂。左手奥にボーイスカウト広場。

上の写真とは逆方向の坂の下から見たところ。上りはけっこうきつい。右側にキリスト教の教会がある。

ちなみに「天形星神社」は、千葉県の神社台帳によると、祭神は、素戔嗚尊で、創建は1662年（寛文2年）とのこと。『流山市立博物館調査研究報告書29』に掲載されている「流山市内の主な神社」によれば、長崎村の村社である。境内にあるいくつかの石碑には「長崎村」と「野々下村」が並んで彫り込まれている。

天形星神社の前には市内のボーイスカウトの広場やキリスト教の教会があるが、以前(1980年ころまで）は谷津であった。埋め立てて今のような状態になっている。

なお、天形星神社も2011年3月11日の東日本大震災の被害にあっている。修復されているが、境内の石灯篭が倒れたりした。正面の鳥居の上部の中央が少しずれている。

（日下部信雄）

1『流山の道』流山市立博物館

〈ガイド〉
東武野田線豊四季駅から約20分

お墓(はか)の坂(さか)

坂の途中に墓地がある

近くに八木幼稚園や精華保育園がある。「お墓の坂」というのは、行ってみればすぐわかる。坂の途中にこの地域に昔から住んでいる家の墓地がある。

この坂については、『流山市立博物館調査研究報告書12』「流山の道」の「長崎・野々下地区」の中で、この墓のすぐ近くに住んでいる根本茂さんは次のように語っている。

右手に墓地が見える。この坂は、長崎小学校の子どもたちの通学路である。

《お墓の坂が一番通った道なんですけど、道路の脇に大きな木がかぶさって日がさしませんから乾かないんです。いつも湿っていて、土もヘネ土になっているんで道は壊れやすかったから、秋の道普請は大変でした。で、牛車で向こうから来るんですよ。その頃、長崎には4台くらい牛車がありましたけど、まだ若い力のある牛はガガガッて上がるんですよ。だけど、小さい牛だと簡単には上がれないんで、弾みをつけて上がっていましたね。》と。

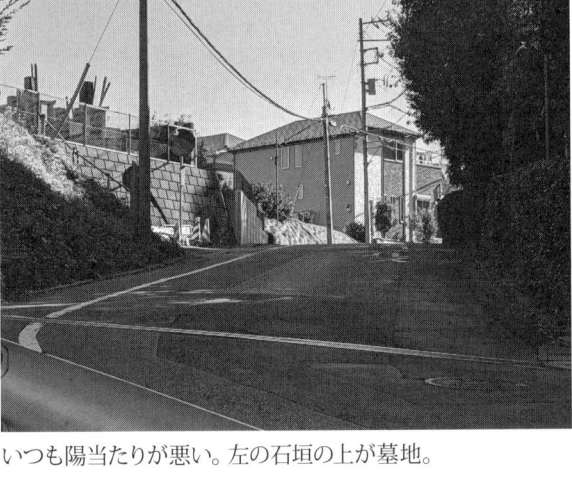

私はこの近くに住んでいるので、よくわかる。今でこそ舗装されているから、道普請は流山市の仕事だ。しかし、もともとこの坂は、北に向かって下っているので、冬の日は道に陽が当たらない。根本さんが大きな木が道にかぶさっている、と語っているが、その木は根本さんの家の木なのだ。私は、雪の降った後などは、滑って危ないので、車では通らないようにしている。

いつも陽当たりが悪い。左の石垣の上が墓地。

坂を下ってすぐの三差路を左に曲がると八木幼稚園がある。その手前は市民農園になっている。この三差路を曲がらずに直進して次の十字路を左に行くと天形星神社が右手にあり、その先は「天ヶ崎の坂」（別項参照）である。

逆に急こう配の「お墓の坂」を上って行くと精華保育園があり、この一角はまだ、農村風景が残っている。農家が頑張っているのだ。

この「お墓の坂」を上って下る道は、市立長崎小学校への通学路にもなっている。

この坂の延長は約75m、幅は低いところが狭く約4・8m、上部の広いところが約8・5mある。

（日下部信雄）

〈ガイド〉
東武野田線豊四季駅から約18分

屁振坂（へっぷりさが）

熊野神社へ上る坂

おならもでるきつい急坂

『流山の道』[1]の中で、思井の熊野神社に上る坂道を「ヘップリサガ（屁振坂）」と呼んだと、芝崎と思井の古老が話している。

熊野神社は台地の上の高い所にある。台地の縁に沿った低地の道をシタドオリと呼び、ほぼ今のバス通りである。その下通りから少し分かれて、熊野神社の裏側に上る坂が屁振坂だった。

ヘップリという表現は風変わりだ。臭いので有名なカメムシの別名はヘップリ虫。「へっぷりむすこ」や「へっぴりよめこ」という、おならで大活躍する民話がある。[2]屁振坂という古めかしくて遊び心ある名前の由来を聞くことはできないが、おならも出てしまうくらいの急坂だったに違いない。

屁振坂の入口あたりへ行ってみたが、草木が繁り、鉄パイプで柵が立てられ進入禁止になっていた。ＴＸ開通後、流山おおたかの森駅に次いで、流山セントラルパーク駅周辺の区画整理が進められているためと推測する。

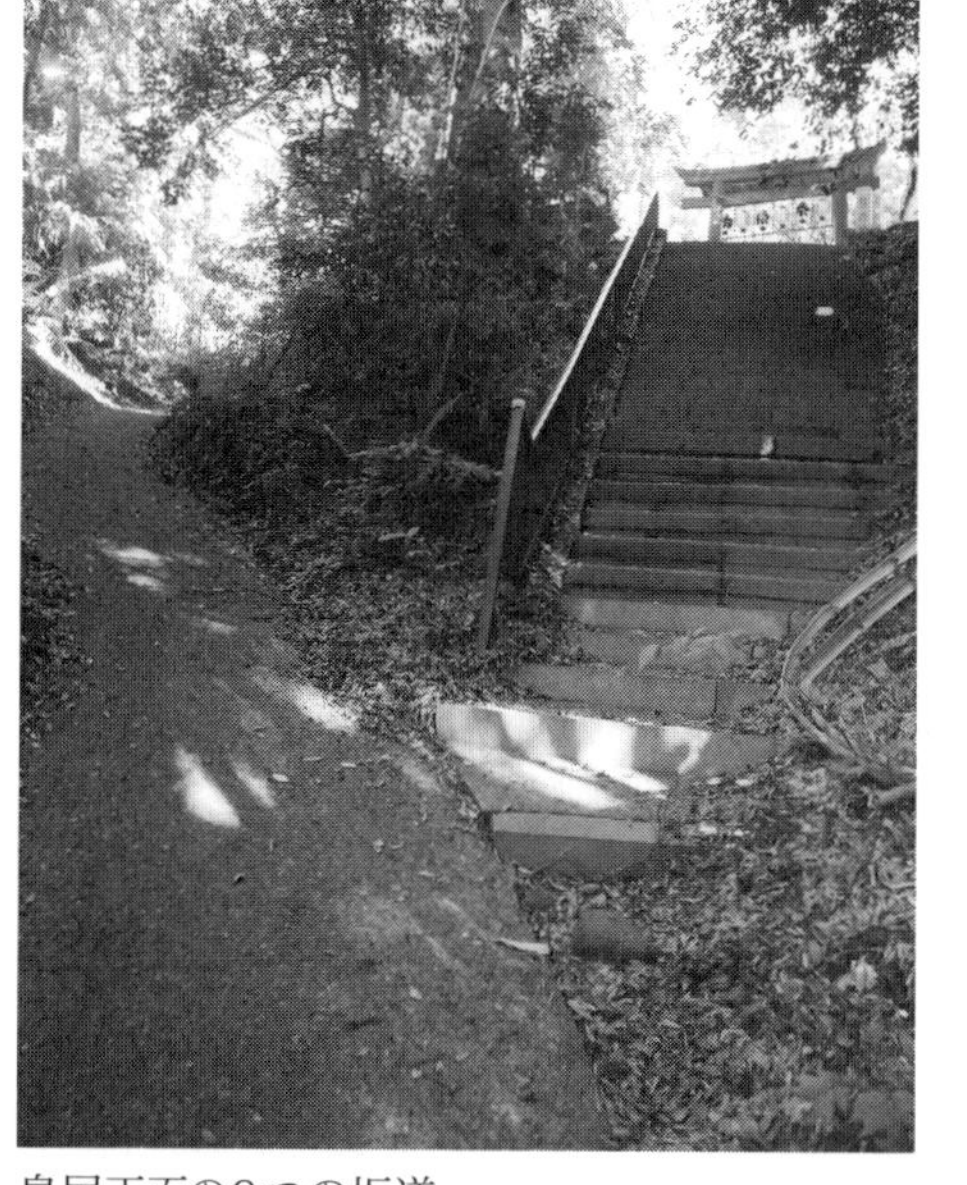

鳥居正面の2つの坂道

熊野神社への坂道

バス通りの井原自動車のご主人に伺うと、「熊野神社に上る坂道は5本あって、そのうち1本はＴＸを造る時に崩された。

残り4つのうち、一番厳しいのがこの脇から上り、神社の裏側に通じる坂（おそらく屁振坂）だが、今は坂の入口まで行く道がなくなっている。その坂は雨水で道のまん中が掘れたような道だった」という。

もう一つの神社の裏側へ上る階段は、残ってはいるが、落ち葉が積もり折れた木の枝が道をふさぎ、長い間使われていないようだ。現在は、鳥居の正面から上がる坂に絞られている。

今年の秋祭りの大年番をしていた染谷さんは、「鳥居に上る階段が男坂で、脇を通るゆるい坂が女坂」と教えてくれた。

八木伝説と忠犬小金丸

鳥居をくぐると、右手に根元がいくつにも分かれた大きな椎の木がある。昔、熊野三山に参詣した者の荷に、御幣と椎の実が飛びこんだ。持ち帰って御幣を祀り、椎の実を植えたら、周辺8か村の総鎮守とし、椎の実を植えたら、周辺8か村の総鎮守とし、8本の幹となって生育したので、この地を八木と称したという八木伝説の木である。神社の近くの民家に、忠犬小金丸の伝承に基づいた犬塚碑もある。

二つの伝承と、風変わりな名前の坂道があった熊野神社は、小さいながらも天高く伸びる木々に囲まれている。穏やかに晴れた秋祭りの空で、力強い鳥の鳴き声が響いた。氏子の女性が「あれはオオタカよ」と教えてくれた。

（岡村純好）

1『流山の道』流山市立博物館
2 千葉県、岩手県、山形県の民話

〈ガイド〉
熊野神社　流山市思井305
流山セントラルパーク駅・鰭ヶ崎駅徒歩9分

お宮の坂

神社の過酷な急坂

流山市の東部地区に位置する名都借界隈の2ヶ所の坂道を歩いてみた。地名の由来については諸説あるが、その一つに地元のわかば自治会の元会長笠井敏晴氏は、「天武天皇の皇子の末裔が関東に下り、現在地に借りの都を置くとしたことから名都借と言われ、その昔、出城があり今の名都借交差点バス停のあたりがその城跡と言われています」と説いている。早速、この交差点から始まる市道71027を40mほど歩くと丁字路に突き当たる。そこを右折して50mほど行くと三叉路に、右へ進むと直ぐ左脇が香取神社。そのまま本道に沿って急な湾曲を左へ下るとお宮の坂(1)（写真）だ。坂の両側に樹木が鬱蒼と茂っていてまるで緑のトンネルのようだ。坂上から坂下まで凡そ130mで、幅員約5m、高さ20m、低さ6・5mから、坂の標高差13・5mほどである。形状は、坂上から左に急坂の後はほぼ直線で、坂下の少し手前から僅かに蛇行する。左側には流山高等学園第2キャンパス（前県立流山東高等学校）がある。更に、坂下から直線50mほど進むと丁字路に突き当たり、この市道はここで終わっている。この辺りは平地、つまり谷津（湿地帯）で、昔は、この一帯は田んぼであった。この坂道は農道で農家の人たちにとって住居のある台地までは過酷な運搬道になっていた。その当時の様子をこの地で居を構えて3代目の増田米蔵さん、83歳は「この坂道は狭く荷車を交わすのがやっとでした。坂下一帯は、小川の水だけではなく綺麗な湧き水も豊富だったことから農家の人たちは稲作と畑作の両立が多かった。今でも清水が出る場所が残っています」と語ってくれた。

この坂名は、前述の香取神社があったことから「お宮の坂」と呼ばれるようになったと言う。この神社の創建時期は不詳であるが、明治21年に再建され江戸時代の石造物があることで知られる。境内には市の保存樹木として杉（2・8m）・シイ（3・4m）がある。

この神社の逸話として、元学習院大学教授の稲澤秀夫氏は、自著「ふるさとの言葉」(2)の中で、名都借歌舞伎と「繁さん」と題して、「芝居が名都借村に起こったのは、江戸から明治へかけ土地の若い衆が博打や喧嘩に明け暮れていたため、これではならねと、若者の健全娯楽を育てるため、香取神社境内にあった沢山の大木を伐り、それを元手に村で歌舞伎衣装を買い、神楽面を整えたことに始まる。（中略）明治20年代から30年代へかけて人気を博した」と記されている。その当時使用された衣装、神楽面、鬘などが流山市立博物館に保管されている。この後、名都借交差点に戻り二つ目の坂へと向かう。

（小島 隆）

香取神社方面から撮影

1『千葉県の坂』リスト
2『ふるさとの言葉』

〈ガイド〉
南柏駅西口、おおたかの森駅西口行グリーンバス「名都借交差点」下車徒歩2分

七左衛門の坂

稲作の坂道

お宮の坂から戻り市道284のほぼ中間地点にあたる名都借交差点を西南方向へ左折すると周りは畑が残っている。そのまま真直ぐ160mほど行くと丁字路に突き当たる。正面に白い4階建のフタバ産業がある。左折すると曹洞宗の広寿寺へ。そのまま本道に沿って右折して70m位行くと真言宗の清龍院の入口前に出る。そのまま蛇行する道を120mほど進むと左側に黒ずんだブロック塀が50mほど続き、その反対側は見事な竹林が目に入る。この辺りは鬱蒼と木々が茂っており、更に50mほど進むと右側に「櫻乃丘聖地霊園」入口前に、ここから七左衛門の坂(1)(写真右下)だ。坂上から坂下までは約120mで、幅員は約5m、高さ19・0m、低5・5mから、坂の標高差13・5mほどである。坂の形状は蛇行で、坂上から70mほど下った右側にコンクリート塀と一部ブロック塀に囲まれた入母屋造の大きな2階建の古宮邸がある。16代目の古宮一夫さん、88歳は、「当初、坂上辺りにあった家をここに移築しました。当家は約450年続いており、正式屋号は「七左衛門」で〝しちぜむ(2)〟の愛称でも呼ばれています。10代目までは「七左衛門」を名乗ったのですが、11代目以降は今風の名前に変わりました。私の時代にはこの坂名を「七左衛門の坂」と一度も聞いたことがありませんでした。恐らく七左衛門の名前を使っていた頃は、そう呼ばれたのでしょうね。昔、この坂道は農道で粘土質のため雨の日はぬかるんで運搬には大変苦労したものです。坂下一帯は田んぼで近くを流れる坂川からの引水と湧き水で稲作は盛んでした。又、ドジョウ、フナ、ナマズなどが沢山いて、時々江戸川から遡上して来たウナギも捕れたものです」とその時の様子を懐かしげに語ってくれた。

古宮邸から50mほど下ると左側に奥津石油の配送センター、その隣にやまと宅急便の配送ターミナルがあり、その先80mほど進むと十字路にあたる。ここでこの市道は終わっている。こうして2ヶ所の坂道を歩いて言えることは、かつて二つの坂は稲作にとって重要な坂道であったことを想像すると当時の歴史を垣間見た気がした。

（小島　隆）

坂上方面から撮影

1『千葉県の坂』リスト
2 名都借の屋号

〈ガイド〉
南柏駅西口、おおたかの森駅西口行グリーンバス「名都借交差点」下車徒歩5分

死人坂（しびとさが）

幽霊が出た坂道

東福寺本道裏手の坂

「死人坂」は、流山市鰭ケ崎の真言宗豊山派の東福寺本堂の裏手にある坂で、逆L字型を呈して存在する。

坂下の起点は、県道白井流山線（２８０号線）と鰭ケ崎区画６号線の交差点の細田酒店を右に見る所。ここから坂を北東に上がり、東福寺本堂から北西に伸びている鰭ケ崎区画81号線を左折する。右に六地蔵、左に墓地がある。前方に千仏堂が見える当たりが終点である。

千仏堂に至る上り坂が死人坂

「流山市道路台帳附図」を読むと、細田酒店の標高は約５・４ｍ、千仏堂（字塚ノ腰台）の標高は約19・１ｍから、死人坂の標高差は約13・７ｍである。ちなみに、東福寺本堂の標高は約19・４ｍ、東福寺本堂に上がる石段下の２８０号線の標高は約４・６ｍである。

鰭ケ崎伝説

天暦５年（９５１）に書かれた「東福寺縁起」によれば、むかし、弘法大師が立ち寄った高台には、五色に輝く美しい池があり、竜王が住む所とされていた[1]。大師が山上に立つと、竜王が老翁の姿となって現れ、「この山は東方の福田であり、仏を彫って寺を建ててほしい」と懇願。大師は弘化５年（８１５）、薬師如来を彫って本尊にした。このとき、竜がせびれの先を少し残したので、この地を「鰭ケ崎」と呼ぶようになった。

今も伝わる死人坂

東福寺相談役の洞下氏にお聞きすると、「一見ごく普通の坂ですが、お盆が近づくと住民たちは夜遅く出歩きません。昔は農民が亡くなると、その遺体を樽形の棺桶に入れ墓地まで運び埋葬していました。住職が毎年供養するので、今では幽霊こそ出てこないですが、昔は、幽霊を見たものもいたそうです。墓地のところは特に急な坂道で、棺桶から仏が飛び出して転がり落ちてしまったほどの坂でした」と話してくれた。

また松崎慈恵住職は、次のようにいわれる。「お盆が近づくと死者達の幻が戻って来ます。坂付近の方達は他から転入してこられた方が多くご存じない方が殆どですが、古くからの寺の檀家さんは今もこの坂を死人坂と呼んでいます」と。

東福寺は、江戸時代には御朱印地領三〇石持ちで、末寺も有していた。当時、死人坂の上にある奥の院では放火騒ぎもあって、阿弥陀如来が守ったとも伝わる。

（葛岡昭男）

1『流山のむかし』流山市教育委員会

〈ガイド〉
ＪＲ「南流山駅」北口徒歩約15分
または流鉄「鰭ケ崎」下車徒歩５分

五斗蒔の坂

八木道の坂

八木中学校の前から八木南団地と芝崎小鳥の森公園の間を下る坂道を「五斗蒔の坂」という。この道は八木道といい、江戸時代は流山から柏への主要道路であり、いまも車はひっきりなしに通る道である。

八木道は流山の本通りから平和台駅、中の円徳寺の坂を上り、芝崎と古間木の境の尾根道を行き、五斗蒔の急坂を下り、坂川の富士見橋を渡り、名都借から柏へと通じている。

五斗蒔とは坂を下った所、芝崎と古間木にまたがる地の小字名で、坂川の源流からの流れが集まる場所。このあたりの田んぼは、かつては底無田と言われ、田んぼに入らないで畔の上から種をパッパッと撒く、平まきという方法で撒いたこともあったという。

五斗蒔の坂

坂川は五斗蒔あたりで源流を集め、少し下流で柏市酒井根あたりから流れる富士川を合流し、松戸市主水新田で江戸川に合流する川である。

かつて、坂川流域の田んぼは「収穫は3年に1度あればいい」と言われていた。それは江戸川の水位が高く、少しの雨でも逆流し、たちまち稲は冠水してしまう。鰭ヶ崎の名主渡辺庄左衛門は親子3代にわたって坂川の改修工事に力を注ぎ、坂川は栗山まで延長されたが、それでもなお水との戦いは続いた。そして、明治に入って大型排水機が取り付けられ、やっと坂川流域田んぼは、洪水から解放されたのである。

芝崎と古間木で農作業をしていたお二人のご婦人にお話を聞いた。「このあたりが五斗蒔ですよ。坂の名前は聞いたことがない。私が嫁に来た時には坂川の改修工事が終わり、田んぼは固かったですよ」とおっしゃっている。坂を下ったところが坂川で、富士見橋がかかっている。かつてはここに五斗蒔の堰があった。芝崎、前ヶ崎、名都借、中村、思井の五か村の給水源であり、用水、悪水をめぐってたびたび争論になったという。

五斗蒔の坂は、尾根道から坂川に至る150m程の曲がりくねった急坂である。いま、坂を下った富士見橋のところから尾根の裾を田んぼ沿いに、宮園方面への道路が走っている。この道路は新しく作られたもので、「下通り」と呼ばれた道は五斗蒔坂の途中から、今の新しい道路のもう少し上にあり、今はほとんど通る人もないという。この下通りはかつて、思井、中地区から八木小学校への通学路であった。

今の八木小学校は芝崎の田んぼの真ん中にあるが、かつては、五斗蒔の坂の頂上にあった。今は八木中学校のあるところである。急坂に加えて、舗装もなく大変な悪路の中、名都借方面からも富士見橋を渡って小学生が通っていた。

（石垣幸子）

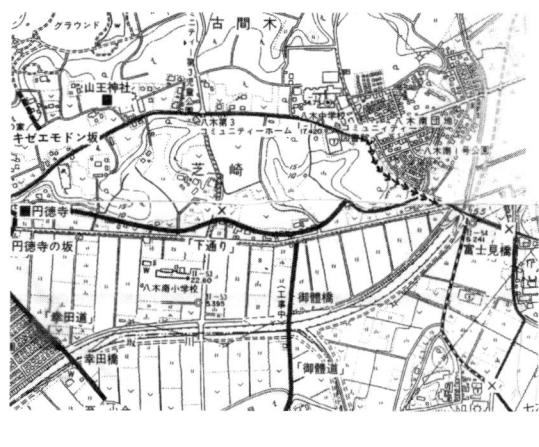

〈ガイド〉
JR柏駅運転免許センター行　八木中学校前下車

向小金の坂

屋号が「坂」の家

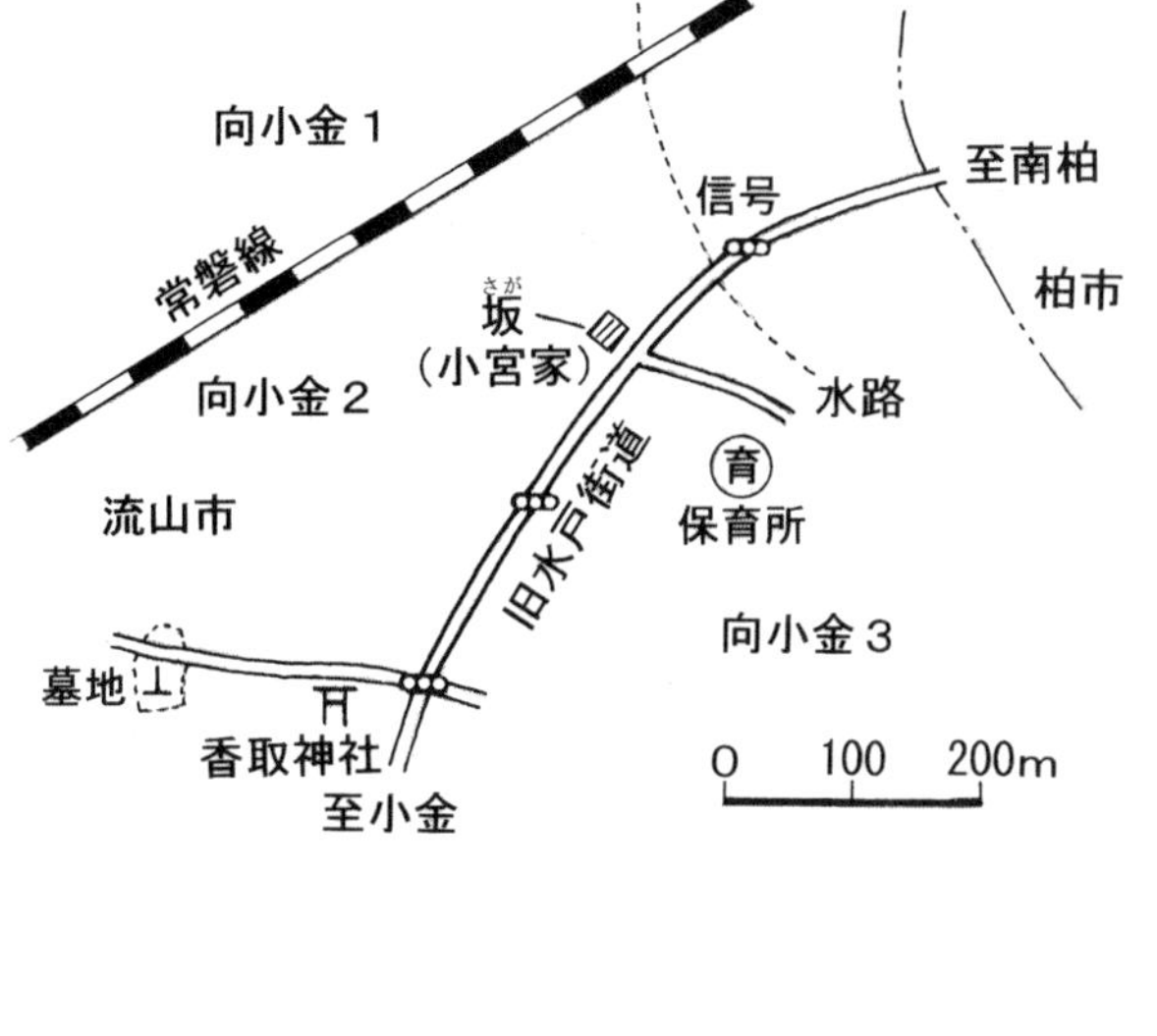

流山市内を通る旧水戸街道

流山市内を通る旧水戸街道（以下、旧街道）は長さがわずか800メートルで、向小金2丁目と3丁目の境となっている。向小金新田村は江戸時代の初期に小金牧（上野牧）の開墾と旧街道の造成が並行して行われた。開墾者の多くは現在の松戸市小金から移住し、元禄12年（1699）の戸数は11軒である。旧街道の完成は正保年代（1644〜48）とされる。

開墾者やこれから移住する人たち（開墾株所有者）は曲線で長い根木内城址前から名戸ヶ谷、戸張を通って呼塚に達する元水戸街道を、現在の県道の旧街道に付け替える作業を行った。旧街道は水戸藩の工事として、根木内から呼塚がほぼ直線となり、そのため4・4km短縮された。原っぱの開墾者は水戸藩から受け取る5・5合のわずかな米穀を糧に工事に励んだ。

村の中心にある香取神社には1等水準点があり標高24・09mで、集落はすべて洪積台地の上にある。神社から旧街道の地形を見る。南は江戸に向かってやや下がって上り、中新宿（柏市）の行念寺は1mほど高い。

屋号は「坂」の小宮家

北は柏に向かい水路まで420m、神社から100mはやや上り坂で、その後320mはなだらかな下り坂である。自転車で上るときに感じるほどの勾配の緩やかな名もない坂である。320m間の高低差は約4m。坂の底は水路が横切る。その水路は天王橋と記されている。[1]

現在はコンクリートのふたがかけられていて、道路として利用されている。下り坂のほぼ中間の左側に、屋号が「坂（サガ）」の小宮家があった（現在は転居されている）。

小宮家は向小金新田開墾者として早期に加わった家だ。墓地は香取神社の裏、右側の向小金共同墓地にある。小宮家墓地には墓石のなかで最も古い一石五輪塔のひとつがある。

流山市の史料[2]によると、小宮家の一石五輪塔の文字が次のように解読されている。

寛永第六己巳（1629）二月廿日
新没故妙春霊位

戒名の接頭には新没とあり、意味するところは向小金新田に小金から移住して「新田村に入植した小宮家で最初に亡くなった人」（女性か）を表している。ほかの二つの1石五輪塔は山﨑家の元和9年（1623）高橋家の寛永5年（1628）である。

墓石文字の解読は友の会、草創期に活躍された一色勝正さんであることを本人から伺っている。屋号がいつ頃から使われたかは不明である。

（相原正義）

1『関宿多功道見取絵図』（東京国立博物館蔵）
2『稿本流山市金石文目録』（流山市史編纂委員会・昭和51年）

〈ガイド〉
JR南柏駅より徒歩約15分

第2章

野田市の坂道

「国土地理院発行５万分の１地形図」

地蔵坂

延命地蔵尊への祈願

地蔵坂の由来

地蔵坂は、野田市堤台に所在する延命地蔵堂へ参詣する坂である。堂内に祀られる延命地蔵尊は、五輪塔か宝篋(ほうきょう)印塔の台石と考えられる安山岩に、線刻の「地蔵菩薩像」と「応永二（１３９５）年五月」もしくは「応永二十年」と読める年号が刻まれている。[1] 応永年間とすれば、義満が金閣寺を建立した頃のことになる。

これとは別に、本尊は体内に純金製の秘仏が納められた、像高約34㎝の木像とする説（市山盛雄『千葉県野田郷土史』）もあるが、この木像についての詳細は不明である。

延命地蔵尊は「子育地蔵」とも呼ばれ、女性が妊娠すると丈夫な子どもが授かるようお参りし、麻と蝋燭(ろうそく)をいただいて帰って、無事に出産すると倍にして返した。

近郷近在の野田町や上花輪村などをはじめ、遠く江戸からも多くの人びとの信仰を集めたことが民俗調査によって知られている。[2]

堤台の地形

堤台村はその名のとおり、台地上に営まれた集落である。明治14年の陸軍迅速測図で確認すると、堤台の台地を囲む現在のつつみ野は水田、桜の里は座生(ざおう)沼(ぬま)の一部となっている。延命地蔵堂は、台地から元水田につながる2本の道の分岐点に位置する。

地蔵坂の特定

延命地蔵尊は慶安年間に、旧堤台村名主の田中家によって土中から掘り出された。これにより、見つかった場所を地蔵坂という。

延命地蔵堂が所在する台地の標高は14・2m、2本ある道のうちつつみ野一丁目へつながる道は約130m進むと3m下がるというゆるやかな坂、同二丁目につながる道の標高は13・7mでほぼ平坦。つつみ野一丁目につながる坂道が地蔵坂である。地蔵堂の田中幸一氏に話を伺ったところ、つつみ野の住宅ができるまでは、現在よりはるかに急な坂道であったという。

延命地蔵堂への参拝経路

現流山街道を利用して延命地蔵堂を参拝しようとする時は、『野田盛況史』付図にあるとおり、キノエネ醤油南側の旧道を江戸川方向へと進む。台地上の平坦な一本道である。

江戸、あるいは多くの参拝者があった現埼玉県方面からは、江戸川を金杉の渡し舟で越え、江戸川沿いに北西方向へ進み、さらに中野台の　台地裾に沿って北上する。眼前に広がる水田を越えると堤台地蔵坂下に至り、ゆるやかな地蔵坂を上ると延命地蔵堂へ到着、という参拝の経路が想定される。

（川根正教）

1　佐藤真『野田郷土史』歴史図書社　昭和55年
2　『上花輪・野田・中野台・清水の民俗』野田市史編さん委員会　平成25年
3　標高は地理院地図による。

〈ガイド〉
野田市堤台261（延命地蔵堂）
東武野田線愛宕駅まめバス北（堤台経由）堤台八幡神社入口下車徒歩約10分

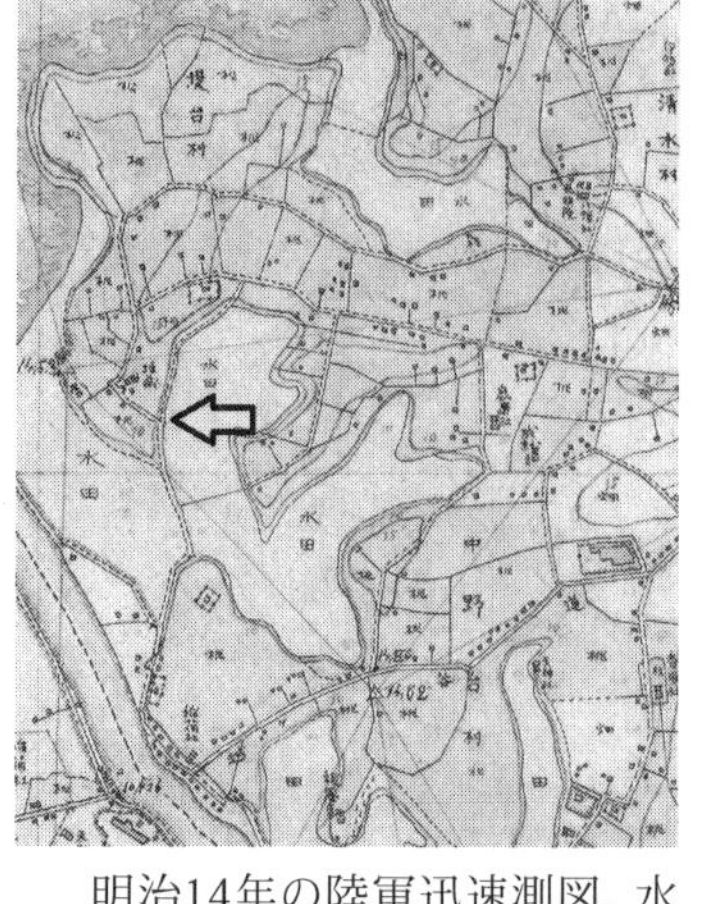

明治14年の陸軍迅速測図、水田から台地に上る道が地蔵坂

延命地蔵尊

延命地蔵尊が見つかった地蔵坂、水田から堤台へ上る坂道

下河岸坂

上花輪歴史館と高梨家

下河岸坂（仮称）とは

野田で醸造された醤油を船で江戸へ出荷するため、江戸川沿いに上河岸と下河岸が設けられた。「下河岸坂」は上花輪歴史館の北東隅から、今上村の下河岸へ至るゆるやかな坂道である。

明治14年の陸軍迅速測図にもあるとおり、大正8年（1919）までは野田町と流山町をつなぐ流山道は、野田下町から上花輪村の台地を通過して江戸川低地へと下り、江戸川沿いに南へと進んでいく。下河岸へ至る道は上花輪歴史館より少し北の香取神社鳥居付近で、この旧流山道から分岐している。

明治14年の陸軍迅速測図、右の矢印は旧流山道、左の矢印は下河岸坂

下河岸坂のはじまり、右は上花輪歴史館

ケヤキ並木、左は旧第6工場で、このあたりから下りはじめる

上花輪歴史館から下河岸へ

上花輪歴史館は、寛文元年（1661）に醤油醸造を開始した、高梨兵左衛門家の住居である。高梨家は代々上花輪村名主を勤め、「高梨氏庭園」は鑑賞上の価値、学術上の価値が高いとの理由によって、平成13年に国の名勝に指定されている。

上花輪歴史館から下河岸坂を江戸川方向へ進むと、その両側には昭和7年に建設されたキッコーマン煉瓦蔵、旧ジョウジュウ辰巳蔵（旧第6工場）、旧キハク西蔵がある。また、高梨家のジョウジュウ本蔵があった上花輪歴史館駐車場の際には高札場、その先には観音堂が所在し、観音堂から坂下の間はケヤキ並木となる。この並木は高梨家の掘割に沿って連なっており、名勝地の背景となるものである。

下河岸坂

上花輪歴史館付近の標高は14・2m、下河岸は9・2m、この間の距離は約470m。上花輪歴史館から旧第6工場跡の古い門柱付近まではほぼ平坦で、その先から坂道となり、坂は西に折れて坂下に至る。少し進むと下河岸である。

人車鉄道と下河岸

明治33年（1900）に開業した人車鉄道は、主に東京へ醤油を出荷するため、野田町・上花輪村の醤油工場と上河岸・下河岸を結んだトロッコである。醤油70樽を積み、二人で軌道上を押した。およそ20輌のトロッコによって、一日当たり100回のペースで運転されたという。(1)『野田町誌』に、人車鉄道は「野田上町より梅郷村今上に至り栄町より中野台河岸に至り又下町より野田駅に至る」(2)軌道と記される。この野田上町より梅郷村今上に至るルートの最終区間が下河岸坂である。下河岸の船問屋を営んだのは枡田仁左衛門、下河岸をまた仁左衛門河岸とも今上河岸ともいう。

（川根正教）

1『人が汽車を押した頃』佐藤信之　昭和61年
2『野田町誌』野田尋常高等小学校編　大正7年
3 標高は、地理院地図による

〈ガイド〉
野田市上花輪507（上花輪歴史館）
東武野田線野田市駅から徒歩17分

笹久保前の坂と浅間神社横の坂

江川地区こうのとりの里

2つの坂は、こうのとりの里管理棟（三ツ堀字笹久保）前の62240号線の東と西の斜面林裾から始まる。この道は、加村道とか流山道と呼ばれている。

こうのとりの里は猛禽の里

こうのとりの里には明治初期まで約百町の三ケ尾沼（図）があったが、明治大正期に水田に変わった。1997〜2002年に生息確認された猛禽類はミサゴ、トビ、サシバ、ノスリ、ハイイロチュウヒ、チュウヒ、オオタカ、ハイタカ、ツミ、ハヤブサ、コチョウゲンボウ、チョウゲンボウ、コミミズク、フクロウ、オオコノハズクの15種で、繁殖確認はオオタカ、サシバ、ツミ、フクロウの4種である。

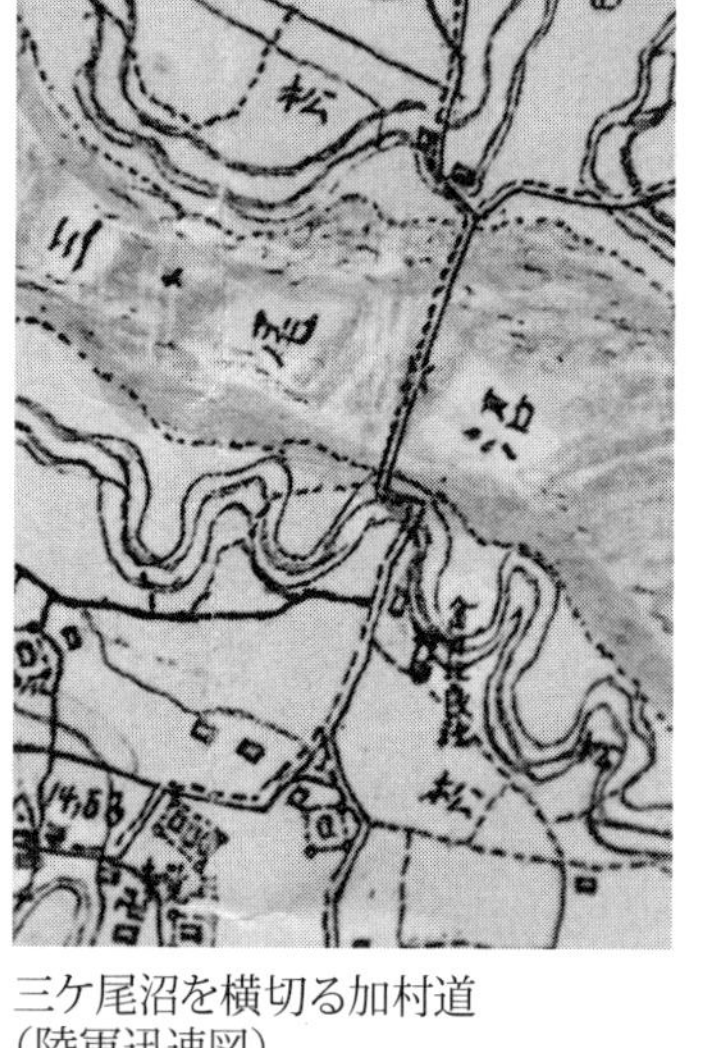

三ケ尾沼を横切る加村道
（陸軍迅速図）

浅間神社横の坂上から、こうのとりの里と東斜面林を望む

笹久保前の坂

管理棟前の道を左に行くと、クワ、エノキ、ヤマザクラ、オニグルミの東斜面林台地へ上がる高低差約11mの坂がある。この坂を筆者は「笹久保前の坂」と名付ける。

字中屋敷の大黒天塔道標

笹久保前坂上の三叉路角(三ツ堀字中屋敷)の享和2年（1802）建立の大黒天塔道標の左面の記銘「左　ながれ山　江戸　道[1]」から、この道が江戸時代、三ツ堀河岸と流山河岸・加河岸を結ぶ道であったことが分かる。

浅間神社横の坂

管理棟前の道を右に江川を渡った先の、モミ、ハンノキ、ヤマザクラ、ウワミズザクラの西斜面林台地に上がる高低差約9mの坂を「浅間神社横の坂」と名付ける（写真）。坂の右手に浅間神社、左に金比羅神社があって往時の街道風景が浮かぶ。浅間神社脇から谷底を覗くと足がすくむほど深い。

字木戸前の不動尊文字塔道標

浅間神社横の坂上の三叉路角（字木戸前）に安政4年（1857）建立の不動尊文字塔道標が建つ。左面に「左　すわ　流山　江戸道」と刻字。「すわ」は、今はなき大青田の諏訪神社のことと推定したい。

普門寺前のラクダ坂

左の道を進むと、下三ケ尾三ツ堀線に合流する。曹洞宗普門寺を右に見、上り下りのラクダ坂を降りると国道16号線に出る。

加村道は利根運河堤防前で消滅

国道を渡った正面奥の利根屋商店（下三ケ尾字諏訪橋）前で道は右折する。「この先行き止まり」とある道が加村道だ。坂を下ると利根運河堤防前で道は消失。運河開削前は大青田の諏訪神社を右に加村河岸に行く道が続いていたことが陸軍迅速図から分かる。

（新保國弘）

1 道標の銘文解読は筆者による。

〈ガイド〉
野田市三ツ堀369（こうのとりの里）
東武野田線梅郷駅から茨急バスの梅郷住宅行きで梅郷住宅下車約10分

三ツ堀河岸の下り坂

どろ祭り神輿の坂

香取神社から池へ

三ツ堀の香取神社には、どろ祭りという独特なお祭りがあった。4月3日のまだ肌寒い時期、境内を出た神輿は坂を下り、川べりの池に神輿もろとも跳びこむ。池の中で神輿を転がし、上へあげようとする若者めがけて、子ども達が用意したどろの塊を投げつける。神輿も若者もどろにまみれ、見物人までどろがつくが、それはありがたいこととされていた。池からあがること3度繰り返したのち、神輿と体を利根川で洗い清め、神社に戻るのである[1]。

平成元年を最後にどろ祭りは休止したが、祭り用具は維持され、平成31年に県指定有形民俗文化財になっている[2]。

神社境内から池までは300mくらい距離があり、そのうち坂は180mほど。神社と池の高低差は7・2mで、くの字に曲がる。坂の下の方の民家は、道の両側をコンクリートでしっかり固めて地盤を上げている。

三ツ堀在住で、小学生から祭りに携わったという横銭隆男さん（昭和22生）に話を伺うと、坂に特別な名前はなく、坂の半ばほどまで大水が来たことがあったという。

坂を下りた所に、「野田パブリックゴルフ場　ひばりコース入口」と国交省の「とね川」の青い看板が並ぶ。その看板の右側の小さな橋を渡ると、右手に原っぱが広がる。その原っぱの南寄りに木がこんもりと茂って柵で囲った所が、どろ祭の舞台の池（ハマ）である。神輿は少し先にある稲荷様の鳥居の前を通ってこの池まで進んだ。

訪れた日、池には水がいっぱい溜っていたが、「池の水量は年によって違った。どろのボッチ作りは子どもの仕事。春休みになると弁当持参で作った。コツがあるんだよ」と話してくれた。

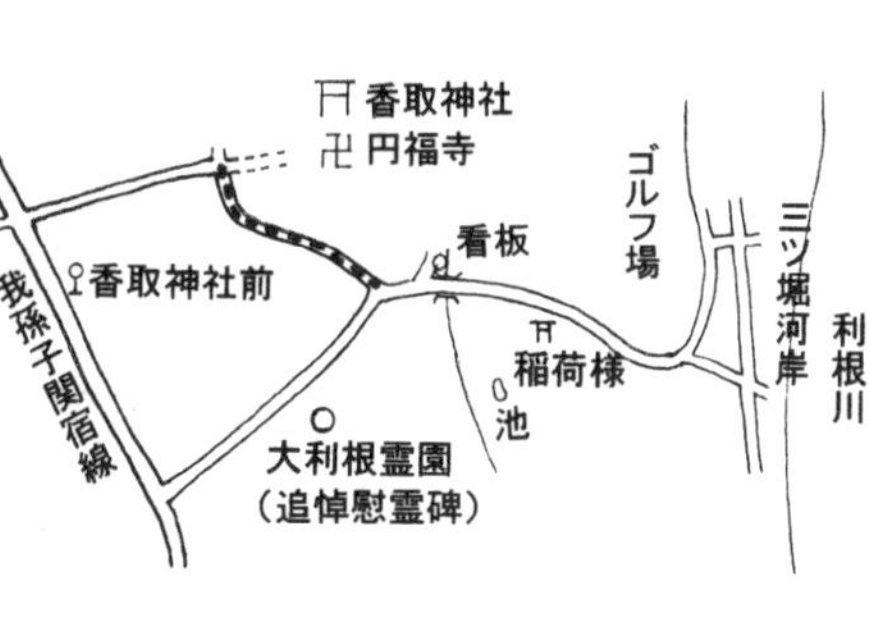

坂の上から望む

香取神社
円福寺
香取神社前
看板
ゴルフ場
三ツ堀河岸
利根川
稲荷様
池
大利根霊園
（追悼慰霊碑）
我孫子関宿線

夏目漱石足跡の地

「おまつり広場」から利根川に向かって進み、堤防補強工事のための専用道路を横切り、竹などの繁みを抜けると、利根川の川岸に出る。

舟運が盛んだった頃、三ツ堀河岸には秋田屋という商人宿があった。明治22年、房総半島を友人と旅した夏目漱石が、旅の帰路三ツ堀河岸で船を降り、目の前にあった「秋田屋支店」に立ち寄り、その印象を紀行漢詩文集「木屑録（ぼくせつろく）」に書いている[3]。

秋田屋は河川改修で、家を坂の方に移転したが、猟犬を使ってカモやウズラなどを狩猟する客を接待する宿を、昭和60年頃まで続けた[4]。

近くの圓福寺大利根霊園に、「関東大震災福田村事件犠牲者追悼慰霊碑」が建立されている。

（岡村純好）

1 『野田シリーズ　三ツ堀どろ祭』野田市郷土博物館　昭和47年
2 『野田市文化財報告第8冊　三ツ堀のどろ祭』野田市教育委員会　平成25年
3 『野田市ガイドブック野田紀行』平成24年
4 『野田市民俗調査報告書2　三ヶ尾・瀬戸・三ツ堀・木野崎の民俗』野田市史編さん委員会　平成9年

〈ガイド〉
香取神社　野田市三ツ堀164
大利根霊園　☎04・7138・0338
まめバス・東武バスイースト香取神社前下車

第3章

柏市の坂道

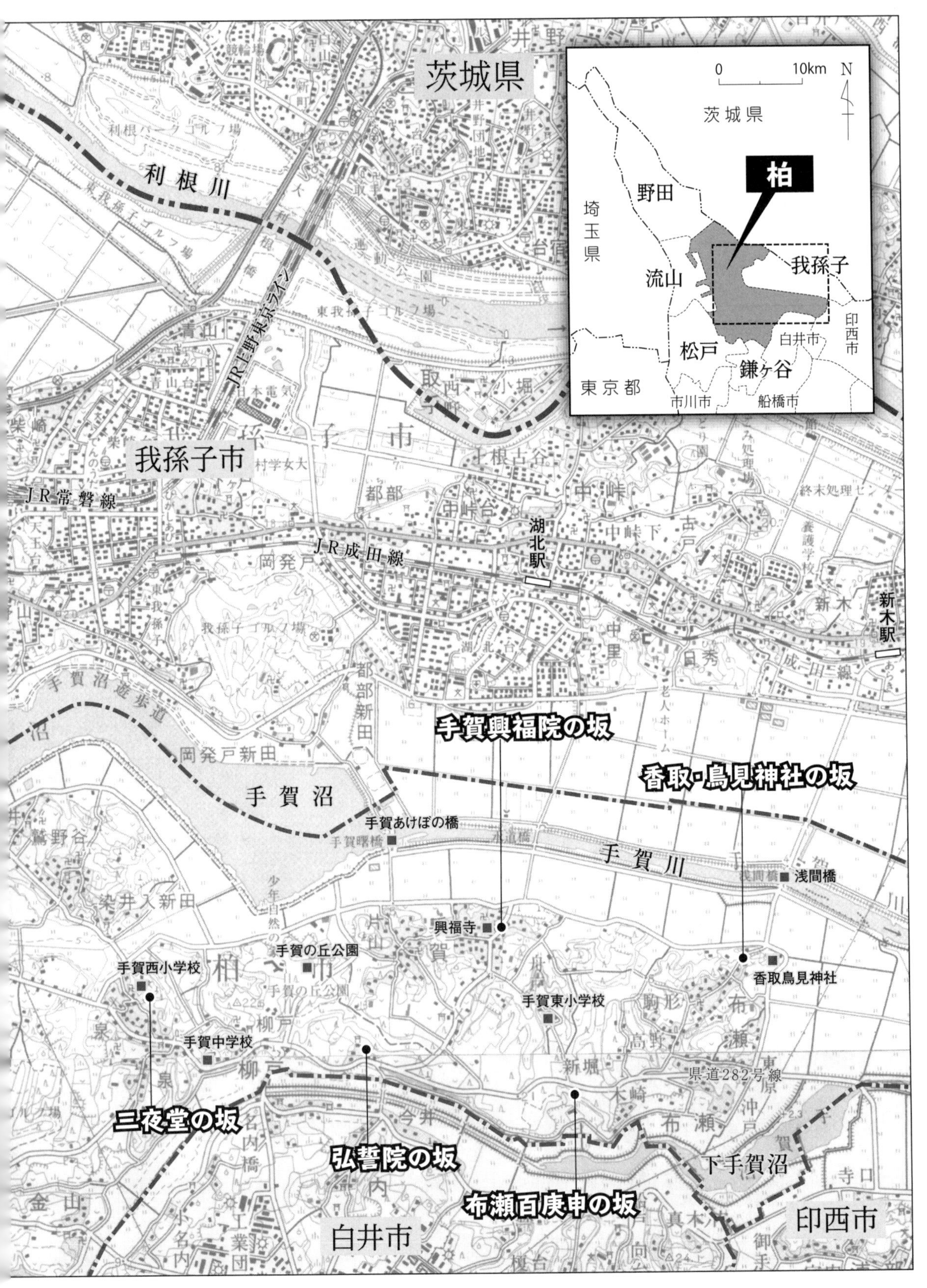
茨城県
我孫子市
白井市
印西市
柏
野田
流山
松戸
鎌ヶ谷
我孫子
東京都
市川市
船橋市
白井市
印西市
埼玉県
茨城県
0
10km
N
利根川
JR常磐線
JR成田線
JR上野東京ライン
湖北駅
新木駅
手賀沼
下手賀沼
手賀川
手賀沼遊歩道
岡発戸新田
染井入新田
手賀あけぼの橋
手賀曙橋
浅間橋
興福寺
手賀の丘公園
手賀西小学校
手賀中学校
手賀東小学校
香取鳥見神社
県道282号線
手賀興福院の坂
香取・鳥見神社の坂
三夜堂の坂
弘誓院の坂
布瀬百庚申の坂

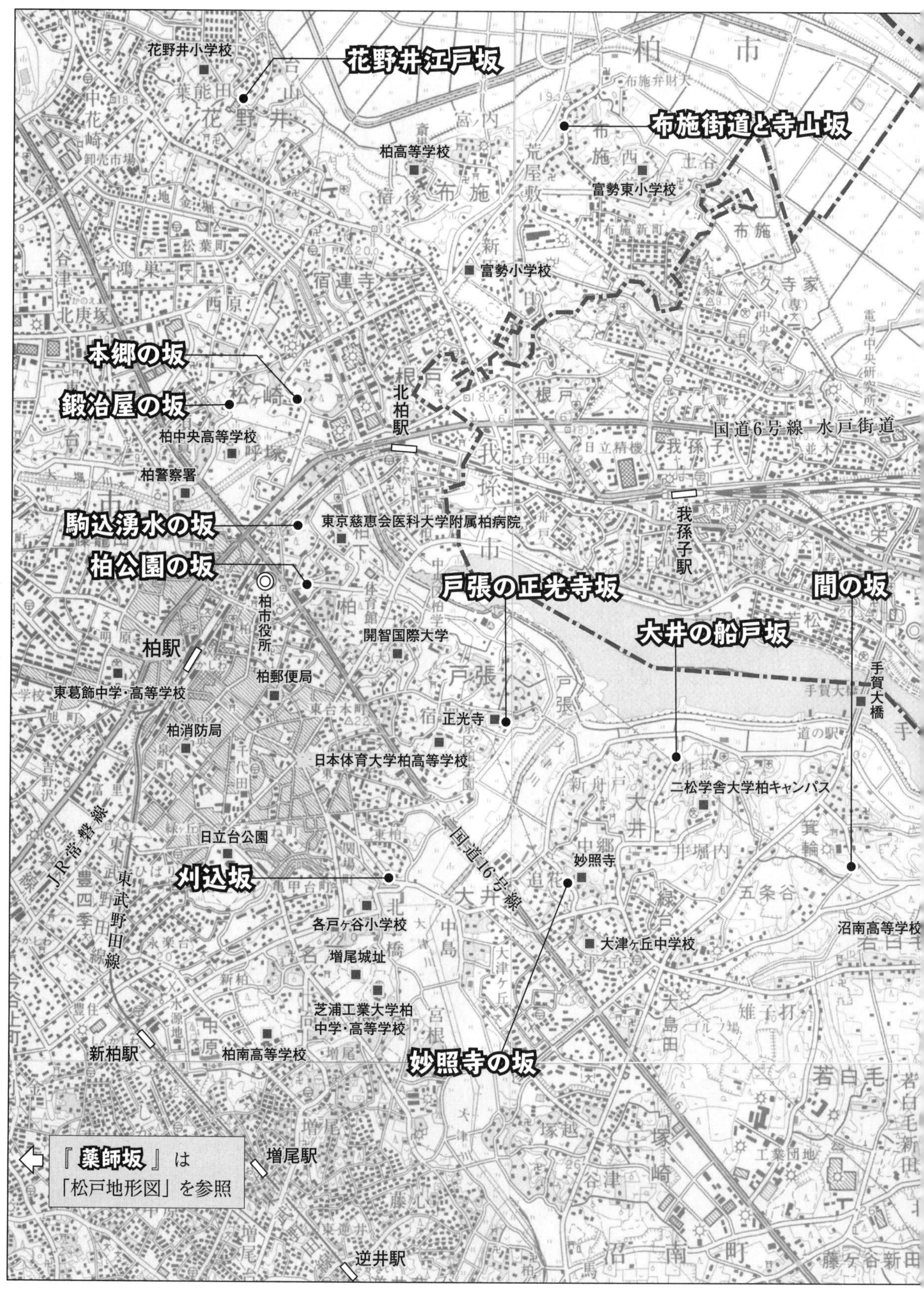
花野井江戸坂
花野井小学校
布施街道と寺山坂
柏高等学校
富勢東小学校
富勢小学校
本郷の坂
鍛冶屋の坂
北柏駅
柏中央高等学校
国道6号線 水戸街道
柏警察署
駒込湧水の坂
東京慈恵会医科大学附属柏病院
我孫子駅
柏公園の坂
柏市役所
戸張の正光寺坂
間の坂
大井の船戸坂
柏駅
開智国際大学
柏郵便局
東葛飾中学・高等学校
手賀大橋
正光寺
柏消防局
日本体育大学柏高等学校
二松学舎大学柏キャンパス
JR常磐線
日立台公園
国道16号線
刈込坂
妙照寺
東武野田線
各戸ヶ谷小学校
大津ヶ丘中学校
沼南高等学校
増尾城址
芝浦工業大学柏
中学・高等学校
新柏駅
柏南高等学校
妙照寺の坂
『薬師坂』は
「松戸地形図」を参照
増尾駅
逆井駅

柏公園の坂

柏発祥の地

忠霊塔のある柏公園

柏の市街地を横断する旧水戸街道。市役所近くの呼塚で国道16号と交差する。変則的な交差点を渡ると、古い大谷石の門柱が二本立っている。「柏公園」とある門柱からサクラとイチョウ並木を真っ直ぐ行くと、そこが昭和18年に建てられた忠霊塔のある桜の名所・柏公園である。

昭和17年に「柏衛戍地忠霊塔陸軍墓地」として建設が決まり、整地作業が開始され、翌18年に竣工式が行われた。約四間四方のお堂でモルタル塗り瓦葺きのものであった。1千体以上の遺骨が安置できるようになっていたのに、一体の安置もなく、終戦を迎えた。

この地はその後、大蔵省の管轄となり、柏市の公園となった。お堂は朽ち果て、昭和33年に改築され、今の石碑となった。

柏公園の坂

柏公園の忠霊塔

柏のふるさと

公園への道路は、柏駅周辺より2mは高い台地で28mはあり、大穴台という字名である。

車道は公園入口から約500m下って行く。手賀沼・大堀川の低地には、柏文化会館・体育館・保健施設ウェルネスなど市の施設があり、昭和62年開院の慈恵医大柏病院・リハビリセンター病院などが建ち並んでいる。このあたりは、江戸時代の初期正保年間に中村・中村下・堀之内新田という集落が一つとなり「柏村」となったいわば柏誕生の地である。

水戸街道が整備されるに従い、街道筋に集落は移り、長全寺や柏神社（天王様）周辺へと広がって行った。

柏の名の由来

柏の地名の由来を訊ねても、誰も明確に応えてくれる人がいない。誕生の地はほぼこの周辺の台地と低地のところで、時期は江戸時代初期まではほぼはっきりしているがそれ以上分らない。

角川書店刊の『千葉県の地名』には、「河岸場の転訛といわれ、手賀沼の港津であったことによるか」とあってはっきりしない。

流山市立博物館友の会顧問の伊藤晃先生が、昭和56年崙書房刊行の『常磐沿線ことば風土記』の中で、景行天皇に同行した高橋家が、「膳大伴部」という宮廷のいわば料理番を務め、房総の地に「かしわ」や「おおかしわ」という地名が残った、とされる一説を紹介している。

相馬御厨の南限のこの地域にこの「かしわ」から柏の名がついたというロマンを私は信じたいと思っている。

（竹島いわお）

〈ガイド〉
柏駅より徒歩20分

〈参考文献〉
『続柏のむかし』柏市教育委員会
『千葉県の地名』角川書店昭和59年
『常磐沿線ことば風土記』崙書房昭和56年

戸張の正光寺坂

元水戸街道から村人利用の坂へ

柏―松戸間の水戸街道の呼称は3つある。①国道6号線、②中世城址根木内城址大手口から呼塚、そして③本題の元水戸街道である。

元水戸街道（元街道）は、根木内城址大手口から南下、大回りして呼塚に達する道である。元街道のコースを記すと、根木内城址―光が丘・酒井根交差点―塚崎新田―名戸ヶ谷―戸張―台柏―呼塚である。

正光寺前の坂

元街道の長さは約1万1500m、常磐線の南東を並行する旧水戸街道（旧街道）は約7000mで、両道の差は約4500mとなり、正保年間（1644～48）にできた。

柏の旧街道に面する戸張山長全寺は戸張の元街道筋から旧街道沿いに移転した。前の長全寺は戸張の香取神社鳥居に立ち道路を隔て右側の地にあった。日体大柏高校前バス停から開智国際大学前の道は元街道である。バス停先東400mに正光寺がある。

水戸家は家康の十一男頼房が慶長14年（1609）、初代当主になった。水戸家の家臣らは慶長14年から旧水戸街道（県道）ができるまで戸張のこの道を往復した。江戸から水戸への道は、増尾から名戸ヶ谷小学校、そして刈込坂下を横切り柏トンネル南口前を通る。田んぼ道ではあるが、文京区柏学園（戸張城址）の東側の道を通って正光寺下から、正光寺の坂を上るのである。

元街道としての利用は40年足らずで、その後は戸張の人々だけが利用するさびれた坂道となった。

戸張の村は「正光寺坂」を下り、台地下を東に並ぶ。ここは小字根郷―村の中心で、前面に戸張新田、そして手賀沼に続く。また根郷には名主を務めた浜嶋家があり、浜嶋家は手賀沼周辺の米やウナギなどを集荷する戸張河岸の問屋を営んでいた。

河岸に上がった荷の多くは長全寺から旧水戸街道、小金牧の中の道である東葛高校前から加村に運ばれた。

村は正光寺坂を上り、台地上に拡大していった。台地の人たちは田んぼを手賀沼新田である「戸張新田」に持つようになる。根郷の人たちは台地上に畑をもつ。正光寺と香取神社は台地にあり、村内の行き来は正光寺坂を中心に行き来する。旧街道ができ、柏の村が街道筋にいくつかの商店ができると、日常雑貨品の購入に正光寺坂を上って街に出る。旧街道までは、2㎞の道である。

一方、刈込坂下から正光寺坂まで、現在は水田で、耕地整理前までは年中水のたまる湿田であった。中世の戸張城時代は城の下まで手賀沼であり、城主は沼を城防衛に使い、ここで舟から荷揚げしたといわれる。江戸初期の手賀沼は利根川の排水がよくなく、沼水面が高かった。利根川が銚子まで通る承応年間（1652～54）後になると、手賀沼は利根川洪水の遊水池となる。元街道であった正光寺坂下までの道はしばしば通行止めとなった。

戸張の先に「台柏」の地名が出てくるが現在はない。国道16号、柏第5小学校の東側で、手賀沼の高台と考えられるが、元水戸街道にあたる道は見当たらない。

（相原正義）

〈ガイド〉
柏駅東口から東武バス戸張行き、終点戸張下車。5分

薬師坂

境根合戦の坂

JR南柏駅東口から酒井根行きバスで麗澤大学や光ヶ丘団地を経て、「龍光寺前」で下車。酒井根六丁目の住宅街を南東方向に進むと同七丁目の、高台の角地に「薬師堂」石段の山門が見える。本堂も、離れも傾斜地に建つ。石段正面から高台に通じる道は、急坂である。この坂道を薬師堂の通りに因んで、「薬師坂」と称した。（地図72ページ参照）

薬師坂の形状

急坂は薬師堂の山門前を右にカーブし、途中緩やかに湾曲し、上りつめたところで左折する。この坂道のエリアだけは道幅が広く、人も車も通りやすいが、ほかの通りは狭い。上りは松戸、小金原方面へ、下りは南柏方面への近道で、利用車も多い。坂の形状は傾斜で15度、道幅が5m、長さが40mくらいある。

薬師堂の沿革

薬師堂の創建は、室町時代の正長元年（1428）とされる。薬師如来を本尊とする小規模な寺であったが、安土桃山時代、天正5年（1577）に河瀬鳳瑞（1）という僧侶が改修した。古めかしい境内にあって周囲を見渡すと、「四国八十八ケ所」の石像を模した石仏が目に付く。1番から八十八番まで、石仏は札所順に整然と並んでいる。河瀬僧侶が実際に四国まで巡行し、各霊場の土を持ち帰り、石仏の下に蒔いたという。多くの信徒はここに参拝し、四国巡行をかなえたとし、ご利益を得たのであろう。

しかし、現在の薬師堂には、本堂を守る住職が不在だ。何度か伺ったが人気もなく、木々の枝が張出し、参拝を妨げている。近隣の龍光寺がその代行を兼ねているという。柏市が建てた詳説の看板が唯一のガイド役を果たしているが、荒廃が進む現行のままでは、薬師堂の先行きが懸念される。

太田道灌と酒井根

酒井根は、かつて下総国葛飾郡と相馬郡の境界にあることから「境根」と称した。戦国下の文明10年（1478）に、下総国の武将千葉孝胤（2）と武蔵国の武将太田道灌（3）が境根で激突し、「境根原合戦」となった。この戦いに長けた道灌軍が勝利した。喉が渇いた道灌は、薬師坂近くの井戸水を飲んで、「酒のように美味い水だ」と叫んだ。このことが後世に言い伝えられ、境根が「酒井根」に転じたという。

主戦場だった現在の光が丘団地内には、道灌が敵味方を問わず戦死者を葬った首塚、胴塚、刀塚がある。今はこんもりとした森に覆われ、案内板が情報源である。道灌が飲んだ井戸水の水源は、薬師坂から西方300mほどの「下田の杜」にある。フクロウなどの野鳥が生息する自然公園として、今も清冽な水が湧き出している。

（上野健夫）

薬師堂

薬師坂

1 河瀬鳳瑞　梵音寺（現江戸川区東葛西）から薬師堂の住職に転じ、本堂の改築や石段設置、坂道の普請に貢献。
2 千葉孝胤　生没不祥。戦国期の下総佐倉の臼井城主。
3 太田道灌　1432〜86年、江戸城築城で知られる。

〈ガイド〉
柏市酒井根7・11
南柏駅東口、酒井根行き東武バス「龍光寺前」下車5分

〈参考文献〉
「薬師堂」案内板、『歴史ガイドかしわ』、『柏市史　原始古代中世』いずれも柏市教育委員会編

花野井江戸坂

文化の香りとスポーツの夢を運ぶ

花野井は北西から南東にかけて、ほぼ直線的に県道関宿我孫子線が走る。江戸時代には利根運河を渡り、船戸、小青田、大室を過ぎると「成田道」と呼ばれた。野田方面からは利根花野井木戸、花野井神社と中心部になる。

花野井は下総台地。海抜20ｍの台地に早くから形成され、県道はさほど勾配はないが、西南は大堀川、手賀沼に注ぐ地金堀に下る。「花野井木戸にある弁天山は、尾井戸の字地名の如く、池や沼には桜の花が散り、風情が美しい所であった。」（大洞院本堂落成記念石碑、平成４年）

大洞院の大イチョウ

花野井の人々の拠り所は、昔から花野井香取神社、中世にこの地を治めた相馬一族の守護神であり、台地の天空に牧神北斗七星を祀っている。凛とした聖域を残しつつも、いつのころからか境内には、妙見神社をはじめ、多くの神々が祀られている。

花野井神社夏祭りの神輿と担ぎ手は、町内を巡行して、地域の絆を強める。

長泉寺を左に回り、北に向かう。吉田家住宅前の広場、屋敷を西側に見ながら利根川方向を進む。屋敷の庭園を左に回り込むと、険しい坂道、「江戸坂」である。

江戸坂は、旧吉田家住宅の庭園や屋敷林の北側に沿っている。台地と谷津であった平地との高低差は10ｍ以上あり、勾配はきつい。

利根川土手の大室には船着き場があり、吉田家に運び込まれた常陸や東北の穀物などは布施河岸から布施道、成田道経由で運ばれたと考える。江戸坂は今、柏ヴィレッジとテニスコートに向かう人達を見つめる。

吉田記念テニス研修センター（ＴＴＣ）

江戸坂を下ると心地良い、ボールの音が森に響く。２０２０年に開設30周年を迎えるが、車いすテニスや国際的に通じる若者や選手たちの育成に務め、世界の交流センターの役割を見事に発揮。１９７５年のウィンブルドンでダブルス優勝の快挙を成し遂げた、吉田（旧姓沢松）和子さんが43代当主夫人に嫁ついだのを機にローンテニスコートもできた吉田家は、現代的な表情も備えた。屋外テニスコートの周りにはバラの大家、故鈴木省三先生（京成バラ園、草笛の丘創始者）が設計したアーチ、トレリスに咲くバラが応援する友人や家族の目を和ませる。

文化芸術活動のメッカ大洞院

花野井小学校校舎と運動場を回り込み、坂を上りきると左手に大洞院の大イチョウが見える（写真）。曹洞宗のお寺、樹齢４７０年を超える大イチョウ、花野井を見守って天空に聳えている。

博物館友の会の長縄えいこさんが東側の内壁に仏様、鬼、子供をテーマにカラフルな壁画「遊戯（ゆげ）」の大作を描き、子供たちのわらべ歌が聞こえるようだ。

花野井で会った、餓鬼大将たちは、パソコンゲーム、かるた、テニス、野球と芸に長けた強者ばかり。花野井の文化レベルの高さを痛感。将来が頼もしい。

（當麻多才治）

〈ガイド〉
ＪＲ柏駅西口バスで、柏ヴィレッジ行き、柏たなか駅行き、または柏市立高校行き、「花野井神社」下車、徒歩６分

本郷(ほんごう)の坂(さか)

松ヶ崎から呼塚河岸へ

松ヶ崎城

北柏駅を降りて松ヶ崎城[1]に向かうとすぐ、花戸原遺跡の発掘作業を右手に眺めながらの坂道だった。

「松ヶ崎城跡」の看板を掲げた小高い城跡にのぼると、歩道が作られ土塁や堀などの説明板が立てられてあった。それを読みながら一巡りして見晴らしを楽しむ。平成16年に柏市指定文化財(史跡)に指定され、「手賀沼と松ヶ崎城の歴史を考える会」や土地所有者の協力のもと、自由に見学できるようになっている。

坂の上から右手下に吉野家への道

本郷の坂

城を後にして住宅地の方に進むと、立派な民家が目に入る。じきに車の通る広い道路の交差点に出る。そこを左に曲がり進むとカーブを描く下り坂、そこが「本郷の坂」である。

坂の名前は、そばにあった吉野家の屋号から「本郷の坂」と呼ばれた。その道の右側の細い急坂を下りた所に吉野家の入口がある。「うちの屋号は本郷といいます。私は嫁に来て30年くらいしかたっていませんが、母が言うにはこの道は決して古いものではなく、道筋が変わっているそうです。昔は荷車が通る程度の道だったのを、松ヶ崎地区から市長さんが出て、自動車も通れる道路になったという話を聞きました」と吉野家の奥様が話してくれた。

柏市初代市長鈴木悦三氏（昭和29～33年）は、松ヶ崎城の元地主で、オートバイで街中を駆け巡ったというエピソードがある。昭和33年の柏市地形図を見てみると、現在の道が吉野家の横でカーブしながら下がるのに対し、当時の道は吉野家の横をもう少し先までまっすぐ進み、そこから直角に曲がって合流している。昭和33年以降早くに坂道の改修が行われたことが推測される。

現在路面にはカーブを意識するように横線が入り、カーブミラーが3つ立っている。

坂を下りると物流倉庫が大きく見え、急に傾斜は緩やかとなる。途中、道の左側に石塔が3つ並ぶのは、道路改修で移設されたのだろう。その先に大堀川の木崎橋がある。昭和40年の広報に完成直後の木崎橋が写っているが、現在の木崎橋は平成7年竣工である。

大堀川の川岸は「大堀川の水辺をきれいにする会」の活動によって花壇が作られ、清掃活動が行われている。川沿いの散歩道は植樹された桜並木が美しく、いこいの場となっている。

木崎橋を渡って川岸を左に進み、国道6号と常磐線の下をくぐると、北柏橋がある。右手の繁みに、呼塚河岸の常夜灯がひっそりと佇んでいる。

（岡村純好）

1 松ヶ崎城　戦国時代の中世城跡
柏市松ヶ崎字腰巻457・1
北柏駅北口から徒歩10分
北柏駅南口から北柏ライフタウン循環竹ノ台下車3分

〈ガイド〉
柏市松ヶ崎536付近

布施街道と寺山坂

弁天様への道

布施弁天は松戸、小金、根戸を経て戸頭を渡る利根川右岸手前の小山にある。その昔は湖の島であったという。竜宮城のような桜門を潜り、四天王に凝視されながら、階段をのぼり、本尊弁天様の前に進む。発明家伊賀七（1762～1836谷田部出身）作、多宝塔鐘楼を右目に、社殿の裏に回り、観音様を背にすると。美しい視界が広がる。

北には筑波山、右前方には江戸川学園取手の白い校舎が見える。東にあけぼの山農業公園のオランダ風車、春にはチューリップ、桜が堪能できる。古くは芭蕉や宝井其角、昭和の初めには志賀直哉などの白樺派文人達も訪れた。

布施河岸はどのあたりに

弁財天東海寺（真言宗）は2008年に開山1200年記念祭を執り行った。縁起では島の東山麓の海に、赤い龍が現れ、村人は天女の夢をみたとあるので、湖沼は相当近くに迫っていたと推測される。しかし千年を経た江戸後期には布施河岸があったのであろう。中期には利根川東遷も完了をしており、戸頭と布施の中間、弁天様からは距離がある。「流作場」といわれた馬の肥料となった低湿地もあった。布施河岸で東北や常陸の産物は陸揚げされた。布施道は鮮魚街道の一つ、ウナギ街道とも呼ばれ、鮮魚は馬に乗せて高田で水を換えながら、加河岸（流山）に急いだ。穀物は問屋で保管された。布施河岸から加河岸までの距離は約13㎞、河岸は多くの馬と人夫がいた。足らないときは宿連寺、花野井、大室、小青田、船戸まで応援を求めている。

「寺山坂」の寺はどこなのか

利根川堤を越え、弁財天下、大師堂まで来ると坂道が始まる。バス停留所でいえば、「寺山下」から「寺山上」迄がカーブで急な坂。

上り切った所には一体だけお地蔵さんが残る。新四国八十八ケ所巡り、67番の薬師堂である。

竹林山南龍寺（浄土宗）前まで進むと二股の角に「左に江戸道、右に流山道」という道標が残っている。旧道をしばらく進み、柏高校、市営斎場の方向に右折する。現在は大きな墓地となっているが、香取神社のすぐ横を通り、普龍山善照寺（時宗開祖700年）を左折して、宿連寺に向かう。字四本榎は布施では、一番高台にある。

布施街道と寺山坂水害の犠牲になった翁を祀った石碑

寺山坂を上った先、荒屋敷には南龍寺（浄土宗）もあるが、薬師堂は、善照寺が管理をしている。現在の墓地だけみれば複雑に見えるが、鎌倉時代から切れ目なく、寺山下を含めて、荒屋敷、土谷津など幅広い檀家を抱えている、四本榎にある善照寺を「寺山」と認識するのが妥当と思われる。

内堤防を越え150mに石碑がある。「亀翁荷大洞」（天保5年2月22日）、水難で命を落とした村人を寺坂下の人達は今なお祀る。

屋号・流右衛門、東西門、藤左ヱ門（坂巻）秋大工（飯田）等。昭和になり、内堤防が整備されるまで、弁財天も孤島化し、弁天下の村人は縁者を頼り、寺山上へ避難した。令和元年の台風19号による水没した民家や施設を見ると昨日のことではない。

弁財天正面階段手前には、木戸が閉まり、現在は未使用の「女人坂」がある。天女や観音様を祀った所、何も憚る必要はないものの、人目を忍んで女性達だけが参拝をした。

（當麻多才治）

〈**ガイド**〉
柏駅西口から、あるいは北柏駅北口から「布施弁天」行にて終点

鍛冶屋（かじや）の坂（さが）

シャガンド（釈迦堂）の坂

松ケ崎の一本杉

松ケ崎地区の中央にある「一本杉」は道の目標とされていた。[1] 20年ほど前に枯れ死したが、近くの香取神社から苗が移植され、三叉路の真中で、先代の切り株に守られるように成長している。松ケ崎の根本さん（昭和12年生まれ）は、「前の杉は400年前のものだった」という。側に神輿を収納する建物もあり、明治前期の地図には神社が見られる。

「一本杉のある道は弁天様の東海寺へ通っている道だった」と話されるように、布施河岸まで続くこの道は多くの人が行き交った。

周辺を歩くと、立派な造りの古い屋敷が残る。幕末の儒学者芳野金陵の家もこの道沿いにあった。金陵は医者芳野南山の次男として生まれ、幕末から明治にかけて大学の教官を務め、多くの門人を育てた人物である。[2]

その一本杉から南方向に進むと、覚王寺に向かう桜並木の参道と、石仏や石塔が並ぶ一角がある。そばに建つ石碑には、覚王寺の住職や地権者が、参道の道幅を広げるため、ここに石仏等を集めて祀ったことが記されている。

『房総の街道繁盛記』[3]に、松の木の下に横一列に並ぶ昔の辻の写真が見える。

坂の下から右手前にカジヤ
左が根本家

鍛冶屋の坂

鍛冶屋の坂は、松ケ崎の台地から、柏中央高校方向に下る道にある。地形図で見ると台地の尾根に沿っている。S字にカーブしながら下る坂道の路面が、赤色に舗装されている所があるが、赤色に変わる手前あたりからの急坂であったようだ。坂の脇の根本さんは、

「うちの墓石は340年前からある。道路の向いが鍛冶屋だった。いつの時代かはわからないが、大阪の泉州の方から移って来たという。以前は牛馬が通る道で幅も狭く、もっと急な坂道だった。戦後に道路工事して、今のような緩やかな坂になった」と話してくれた。

近くで畑仕事をしていた長妻さんに聞くと、

「私は90歳。鍛冶屋という屋号の家はあるが、鍛冶屋を見たことはないし、親から聞いたこともない。あの坂は鍛冶屋の坂とも言うが、シャガンドの坂と言った。シャガンドとは根本さんの屋号で、釈迦堂のこと」と話した。坂をはさむ2つの屋号で呼ばれていたのだ。

今は新しい住宅が道沿いに並ぶが、道の反対側は木が生い茂り、昔の名残をとどめている。

坂の下から見ていると、S字にカーブしているので見通しが悪く、車が急に現れる。

現在の道で、坂の始まりから鍛冶屋のあったあたりまでの距離は30mほど、高低差は3mである。そこを過ぎると見晴らしも開け、緩やかな傾斜で大堀川へ向かう。道沿いに香取神社があり、狭い石段を登った先には、珍しい石仏が多数見られる。

先に進むと、畑と背後に林を持つ屋敷の風景が広々としている。昭和41年に若柴まで国道16号が開通し、分断される形となったが、篠籠田や高田方面に通じている。

（岡村純好）

1『千葉県柏市民俗資料12松ケ崎地区』柏市教育委員会　1983年
2『芳野金陵と幕末日本の儒学』二松学舎大学附属図書館　1990年
3『房総の街道繁盛記』山本鉱太郎　崙書房

〈ガイド〉
柏市松ケ崎1012付近
柏駅から東武バス若柴循環「須賀」下車

手賀(てが)興福院(こうふくいん)の坂(さか)

ニコライ大司教も歩いた坂

手賀来訪

24歳でペテルスブルグ神学大学を卒業してすぐ、ニコライは日本を目指した。篤い信仰心と情熱で、キリスト教禁止令の幕末から50年後、明治44年にはギリシャ正教の信者は3万人以上を数えた。そのニコライが明治25年10月、56歳の時、手賀の地を3日間訪れた。東京を出発して松戸を経て、手賀の地にたどり着いた。

多くの苦難を経験しているニコライが、日記の中で「これよりひどい道は　ないというほどの悪路であった」と書き残している。

手賀教会は近くに移転したが、明治14年に、農家を改装した旧教会は、関東でも最も古い建物として残されている。千葉県指定文化財ではあるが傷みがひどく、現在柏市では修理・補強のため広く市民に寄付を募っている。

旧手賀教会

興福院・手賀城趾

手賀の村の豊かさ

旧教会へは、「手賀」のバス停から緩やかにカーブしながら下って行く。手賀沼への坂を右手に曲がって行くと、すぐ茅葺きの建物が目に入る。建物のある場所は、車がやっと通れるほどの狭い台地の高みにある。ニコライもしばし、手賀沼を眺めていたという。日記では、次のように書いている。

「ここの信者たちはみなたいへん裕福だ。みな農民で立派な家を持っているし、裕福な暮らしのしるしがいろいろと揃っている」

明治25年といえば、まだ鉄道はなく、利根運河が開通したばかりの時である。利根川・手賀沼に面したこの地は谷津田の豊かさと沼の恵みがあり、文化の先進地帯であった。このことが、西欧文化のキリスト教を受容する素地があったのだろう。

興福院と手賀城跡

ニコライは教会の執事長湯浅長左衛門について「かれはある殿様の家老の子孫である」と記しているが、戦国末期手賀原氏の末裔であった。

先ほどの坂を左に入ってゆくと、細い迷路のように入り組んだ道を進む。興福院という真言宗豊山派のお寺のある台地周辺は、中世の手賀城址である。『柏市史（原始古代中世考古資料）』によるとこの城跡は遺構の保存状態が悪く、全体の把握が困難なようだ。伝承のように16世紀に築城・使用されたものとされている。

ニコライは手賀滞在中、布瀬や染井・岩井などの信者の家々を訪ねている。その際、教会から手賀沼への坂を下り、江間から小舟に乗った。ぬかるんだ道より小舟が楽だった。40年にもわたるニコライ日記は、近年、翻訳され（全5巻）、当時の日本を知る貴重な文献と評価されている。

（竹島いわお）

〈ガイド〉
柏駅東武バス「手賀」行き終点
〈参考文献〉
『宣教師ニコライとその時代』
中村健之介著　講談社現代新書
「沼南町史研究第6号」高野博夫2002年

刈込坂

沼南地区への玄関口

大津川へ下る

柏印西線（県道282号線）は、柏神社の脇から印西市浦部の国道51号線までをいう。この道は、旧沼南町を東西に貫通する幹線道路であるが、ここをバスが通ったのは、昭和33年というからそう古い話ではない。旧沼南地区にとっては、道路より手賀沼を舟で渡った方が便利な時代があった。

刈込井戸田台という地名が「東柏」という味気ない名になった新田原近隣センター前から刈込坂は始まる。左にカーブしながら下って行くと、大津川の低地が広がり、沼南大井の台地が見渡せる。途中に「刈込坂」という停留所がある。このあたりは大津川の河口近く、600～700m幅の河川敷で田んぼが続く。地元の人たちは屋号「柳屋」から柳屋の坂ともいう。

大井から東葛高校に自転車で通った中村勝さんは、この坂は砂利道で難渋したと回想する。

刈込坂

中ノ橋の歴史

大津川を挟んで大井と戸張は、昔からあまり仲がよくなかった。戦国期大井追花城と戸張城は互いににらみ合いを続けた。これは江戸時代になっても引き続いた。

このいさかいの原因は、このあたりで名戸ヶ谷方面から、本流の大津川へ二筋の流れが入り込み、複雑な流れが出来たことにあったのではないかと想像する。この付近は上ノ橋、下ノ橋とあり、真ん中の橋を中ノ橋といった。中ノ橋は現在、大井戸張の真ん中に架かっている。今では川底をさらったりする浚渫工事は、見られないが、かつて公害の箇所ともいわれ、合成洗剤のアワが吹き飛んでゆく様子も見られた。

五つの石碑

五つの石碑は語る

中ノ橋を渡ると中の橋集落である。コンビニの駐車場の脇、道路に面して五つの石碑が並んでいる。古い順に記すと、天保14年（1843）、明治12年（1879）、明治24年（1891）、大正6年（1917）、そして大正13年（1924）のものである。

これらの石碑はすべて「刈込橋」の改修についての記念碑である。江戸時代から、堤を築き敷石を並べ木材で橋を造っても洪水のたびに流される。布瀬・手賀・泉・片山・金山鷲野谷など沼南地区の集落の名が刻まれ、架橋への切なる願いが込められている。

明治14年の「刈込堤板橋造立塔」には、地元の村落だけでなく、流山村の相模屋・丸屋・近江屋・増屋・鴻屋などの名も見え、寄進している。「流山往還」とも言われたこの街道は、橋を渡り、刈込坂を上って、流山へと荷が運ばれる道であった。

（竹島いわお）

〈ガイド〉
柏駅より東武バス。布瀬手賀行き、またはは小野塚台行き、刈込、中ノ橋下車

〈参考文献〉
『沼南風土記（二）』・『沼南町史資料編　金石文Ⅲ』・「沼南のむかし⑧」、いずれも沼南町教育委員会刊

駒込湧水の坂

馬の喉を潤したか

柏市の湧水調査、事始め

柏市が昭和63年（1988）に、初めて広く市民に呼びかけ、市内の湧水池について情報を集めた。その結果、107件の情報が寄せられた。そして、平成2年の『柏の自然発見』という本に「湧水分布図」を掲載。その図には、湧水66か所とある。

市の環境政策課に問合せをしたが、現在どのくらい残っているのか、明確な答えを得ることが出来なかった。

私の息子が小学校5年生の頃（昭和59年）、当時担任だった佐々木牧雄先生が名戸ケ谷の湧水調査を開始した。夏休みの宿題にもなり、息子とともに湧水の場所を探して学校周辺の藪の中を歩き廻ったことがある。恐らく、こうしたことが柏市に引き継がれたものと思う。

先の「分布図」を見ると、湧水の多くは、名戸ケ谷・増尾周辺と大堀川に沿う地域に集中している。

佐々木牧雄先生は環境教育に熱心で、その後子どもたちと「鮭」の卵を放流する学習を実践したりした。大堀川に鮭が遡上し、話題になったことがある。佐々木先生はいち早く、大堀川がきれいになったのではなく、利根川の水が流入し鮭が迷い込んできたと指摘した。

駒込湧水の坂

駒込湧水の場所

柏市内を貫通した旧水戸街道は、国道16号とクロスして呼塚へと向かう。常磐線の陸橋の手前で右に折れ、すぐに左へと曲がる。

右側は旧家の竹林で、曲がりくねった細い坂道が下って行く。かつては鬱蒼とした森であったに違いないが、今は道沿いや斜面地に、家が建ち並んでいる。

坂は比較的緩やかである。湧水は、6～7mのコンクリートの壁の下に水を溜めていた。

「駒込」「呼塚」「野馬木戸」などという、牧の存在を思わせる地名には湧水地が残っている。江戸時代の小金牧以前、中世の馬たちを管理するのには、野馬土手でなく、自然の地形が最も肝要であったであろう。それは城郭の堅固な守りと同じように、舌状の台地と馬たちの飲み水場の確保であった。駒込湧水は緩やかな坂道を豊富な湧水、きっと馬たちが、喉を潤しにやって来たものと想像するのは楽しい。

湧水の先は、小さな谷津が続き、冬場にはにおいのいい蝋梅が黄色な花を咲かせ、春になれば山桜も愛でることが出来る。

坂を下って、谷津の開けた先には、高齢者施設があり、慈恵医大柏病院の大きな建物がその先に見える。

（竹島いわお）

〈ガイド〉
柏駅から、北柏駅からでも徒歩20分。

〈参考文献〉
『柏の自然発見』柏市、平成5年
『常磐線沿線の湧水』福島茂太・文／横村克弘・写真、崙書房出版、平成12年
『利根川水系の鮭と環境学習』佐々木牧雄、たけしま出版、平成25年

増尾の坂道10選

柏市増尾は台地が多い。地域は下総台地が東方から北西に張り出した地帯にあり、東葛エリアでも比較的高い位置にある。台地があれば低地がある。台地と谷地をつなぐ傾斜の道、それが坂道。

かつて土村と称し山林と田畑に覆われていた増尾には、周囲2㎞以内に古くから多くの坂道が点在する。

東武野田線の増尾駅を起点に周辺10カ所の坂道を順次巡った、その行程を記し歴史的にも古い、地域色が漂う増尾の坂道を紹介する。

立野の坂

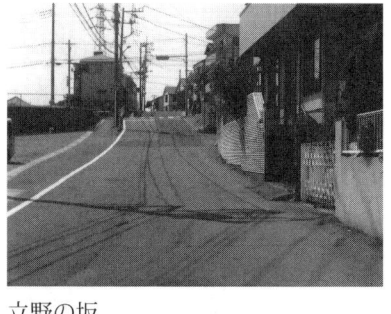

東武野田線の増尾駅西口を出て桜並木通り商店街を通り、信号一つ目を左折。80ｍほど進むと左側がコンビニ、右側の喫茶店の角を右折。すると、左に大きく湾曲する上り坂がある。かつてこの地域は竪野村の立野地区であった。このことから「立野の坂」といわれた。

現在、この一帯は「加賀」と「増尾台」の町名になっている。

この坂道は歴史的にも古く、酒井根を経て根木内、小金に向かうルートであったと考えられる。急坂で細長い坂道は宅地開発で一変した。上り途上に新道ができ、十字路（増尾台2丁目）となり、それを突っ切る道筋となった。その長さは坂下上り口から先の住宅街まで約200ｍあったという。山林台地であったこの一帯は、宅地開発で坂も大分なだらかになった（平均斜度8〜10度）。角地には約2ｍくらい削った跡が残っている。

馬場の坂

「立野の坂」を戻り、増尾駅東口方向をめざし、駅ホーム近くの踏切を渡る。かつての「土村」の地域に向かう。道なりに行くと県道市川―柏線となる。ここを左折し進む。信号一つ目の「ふるさと会館」の交差点手前の斜め道を左折すると、住宅街に下る急坂がある。この一帯は山野辺家の馬の訓練所で、馬場という屋号から「馬場の坂」と呼んだ。現在は増尾1丁目の住宅街で、広大な馬場があったとは想像もしにくい。この急坂を道なりに下ると、住宅街と公園の平地となる。

江戸から明治初期にかけ、物資の輸送では馬が頼り（駄送）だった。この坂が平地から急坂を、荷を背負って上り下りする馬の訓練場であったとされる。訓練馬を癒す洗い場が近くの大津川支流に、その跡を示す案内板が立っている。軍馬も含め、多くの馬がこの馬場で飼われていた。

立野の坂

馬場の坂

四郎兵衛坂

赤坂

四郎兵衛坂

先の交差点を直進、増尾郵便局と土小学校通りの急坂を下る。２００m先の大津川支流の交差点の橋を越え湾曲の急坂を上ると、向根バス停がある。その手前を右折すると旧家の薮崎家がある。門柱を過ぎた先の高台は森林で覆われている。かつて薮崎家の屋号は四郎兵衛であった。

現在の県道などない時代、柏に行くにも、帰って来るにも高台の山道を上り下りした。「ある日、ひげの爺さんが帰る途中、キツネに化かされ、道を迷う破目になり、命からがら帰って来た」という話が逸話となり語り継がれた。以後、いつしか薮崎家の屋号から、この坂を「四郎兵衛坂」と呼ぶようになった。山道はほぼ真っ直ぐな登坂で、距離が80m、傾斜は高い地点で20度くらいある。（私有地を通るので、薮崎家に了承を得る。）

なお、民俗学の柳田國男は、こうした逸話やお伽噺を地域ごとに収集・分類し、日本昔話や伝説名彙の出版監修に当たった。

赤坂

「四郎兵衛坂」から、ゴルフ練習場の前に出

「国土地理院発行５万分の１地形図」

て増尾城址公園前の通りを東方に向かう。１５０mほど下ると、信号がある。この交差点を芝浦工大附属柏中学校・高校入口という。今、私立の中高一貫校として注目されている。

この交差点前の坂道を「赤坂」といった。現在、この坂道は「ニッカ通り」という。（３００m先の森にニッカウヰスキー柏工場がある。）、戦国時代、この一帯で水利権の領有をめぐって激しい争乱があった。坂道が流血した血で赤く染まったという。それで「赤坂」と呼ばれるようになった。近くの内田家が死者を弔い、「赤坂」の屋号になったという。

なお、この坂上の高台には戦国を偲ぶ「増尾城址公園」があり、ここで一休憩としたい。

中郷坂

宮坂

中郷坂

ニッカ通りを１００mほど東へ、コンビニと交差点の信号を右折し、30m先の分岐を右方向に進むと、上り坂となる。谷地から丘陵を上って行く感じの坂だ。見上げると狐山という鬱蒼とした山林がそびえ立っている。

坂上の右側が「阿弥陀如来坐像」の文化財を有する真言宗寺院の萬福寺。左側が国有形文化財（建築物）に登録された伊藤家屋敷。古くはこの地が中心で伊藤家の屋号を中郷と呼んだ。その由来から萬福寺と伊藤家の間の坂道を「中郷坂」と称した。この一帯は、増尾城址（戦国後期創建）よりも古く、「幸谷城」という中世室町時代（１４００年代）の館址であった。それを示す土塁や空堀が山林周囲に今も遺されている。

坂の長さはおよそ１００mで、傾斜の高い地点が15度くらいある。この坂道は現在、県道市川―柏線の支道（近道）となり交通量が多い。

今、城址の樹林地を、緑地と文化財の保全に向け、公有緑地として周辺住民とともに「カシニワ（貸庭）制度」による林地活用に加え、「古民家サロン」の開設をめざすという。

宮坂

中郷坂を元に戻り、分岐を右に80mほど進む。左側に緑豊かな山野辺家が見える。その敷地と山林の間に、見失いそうな小道がある。最近は整備されているとはいえ、下草が深い。旧い登山道のような坂道だ。小道を上り切るまでの長さは、およそ90m、傾斜は高所で25度もある。この小道の先がニッカ工場の交差点（五差路）である。これを越えて廣幡八幡宮の参道に繋がる。

この坂道は廣幡八幡宮に行く幸谷城の豪族や氏子をはじめ、地域の人々の参拝の道であった。このことから「宮坂」と呼ばれて来た。廣幡八幡宮は鎌倉時代の建久4年（１１９３）の創建で、現在も当地域の総鎮守として、氏子も参拝者も多い。

吉兵衛坂

「宮坂」を越えニッカ通り交差点を東へ、森林に囲まれた茶系の建物がニッカウヰスキー柏工場だ。例年5月の感謝デー公開イベントでは、来場者で賑う。通りを進み、コンビニを過ぎると右側に吉田菖蒲園という看板が目にとまる。吉田家は代々より花卉園芸を営む。開花期にここで咲く牡丹は見事、これを求めて多くの人が立寄る。

坂道の長さは坂下の藤心交差点まで約１００mある。上りの急坂は結構堪える。傾斜が15度以上ある。これが「吉兵衛坂」である。坂名は吉田吉兵衛家の屋号に由来する。

あまりの急坂で道幅も狭く、長年にわたって道普請、道路改修工事が行われてきた。この結果、現在のような道路幅、傾斜の形状になった。以前がいかにきつい坂道であったかが窺がわれる。

大鷲（おわし）ノ坂（さか）

「吉兵衛坂」からニッカ通りを戻ること70m、コンビニ先一つ目の細い道を左折し直進すると、下り坂の林道となる。長さにして80m、傾斜は20度の急坂である。この一帯を「鷲ノ山」と称し、かつてこの森に大鷲が棲んでいたという。その由来から「大鷲ノ坂」と呼ばれようになった。

以前、高台にそびえる森林と、周辺でエサが捕れる環境もあって大鷲の生息が観察されたというが、現在は宅地開発が進み木々が伐採され、大鷲も消えた。「鷲ノ山」は山土が丸出しとなり、山の形状を失った。「大鷲ノ坂」は存続するが、大鷲は戻らない。（当地では大鷲をオワシといった。）

吉兵衛坂

大鷲ノ坂

中台（なかでえ）の坂（さか）

「鷲ノ坂」を下り、道なりに進み、二股の分岐を左へ20m行き、民家の角を左折し直進。30m先の急坂の角を直角に右折し上る。20mほど上り、左手の民家を直角に左折して行くと、台地の頂点となる。これをクランク状の坂道（本書79頁「大坂」脚注参照）という。海抜で23mある。長さは50mほどと短いが、傾斜は25度もあり、急峻な坂道である。自転車通行は降りて手押しして上る。「中台の坂」の由来は、上り途上の平川家の屋号による。かつては道幅が狭く車の通行も大変だった。平川家をはじめ住民の協力で拡幅され、現在は谷地と高台をつなぐ大切な坂道である。

伝兵衛（でんべえ）坂（さか）

最終の坂道に向かう。先程の分岐まで戻り、それを左方向に上ると、右手に旧家の染谷家が坂上に建っている。坂上までの距離は50m、傾斜は15～17度で、なだらかに湾曲を描く坂の形状は美しい。明治20年に建てられた染谷伝兵衛家は、その屋号からこの坂を「伝兵衛坂」と呼ぶ。染谷家のモダンな白塀と、主屋が伝統の銅板葺（どうばんぶき）の屋根とが調和し門前の坂道が映（は）えて見える。

ここで全行程を終え、土小学校を右に見て県道市川―柏線に出て、増尾駅に帰還。これで一通り増尾の坂道10選を巡った。その距離はおよそ4・8km、行程により距離の増減がある。

（上野健夫）

中台の坂

伝兵衛坂

《追記》昔から言い伝えられてきた増尾の坂道名も忘れられつつある。これを記録しておこうと地元有志の市岡實さん（89歳）らが調査に励んでいる。その成果をご教示いただき、このような増尾の坂道断片録として記述した。市岡さんには深く感謝申し上げたい。

大井の船戸坂

氷冷舎の天然氷つくり

「大井の船戸坂」は大津川から「道の駅しょうなん」に向かい、600mほどの右側にある。坂の上り口で止まり右側を見る。台地の下は明治中期から昭和2年まで氷冷舎があったところである。なんと、ここは天然氷をつくった場所である。

氷冷舎の経営は大井の石原家で、貞八さんのときに始め、子息の貞三さんが後を継ぎ廃業した。製氷の現場長は船戸坂の8合目右の石戸新太郎（大正11年）さんの家で、父仁助（昭和34年没）であった。話を聞いた新太郎さんは国鉄南千住駅に勤務。船戸坂を下り手賀沼淵に着けていたサッパ舟で我孫子側に舟を着け通勤していた。

氷つくりは12月中旬から3月半ばまでであった。当時は現在より寒気が強く、手賀沼に氷が張り詰めることもあった。製氷池は大正末まで5面あり、一番大きな池は16間×10間（1間＝1・8メートル）であったという。池の周りは太陽をさえぎるうっそうとした斜面林が茂っていた。池の側面は石で囲い、底にはレンガを張っていた。

手賀沼を望む大井の船戸坂

製氷用の水は自噴井戸で、20㎝ほどの水柱が立っていた。池には25㎝ほどの深さの水を張る。5～7日すると15㎝ほどの厚さに凍った。氷は90㎝四方の大きさに切りだされ、熱湯で洗った。お湯は大釜を薪で沸かす。洗った氷は3枚重ねにして「合わせ小屋」に1晩おいて接着させる。小屋は杉皮葺きで柱だけの小屋である。保健所のない時代で、製氷期には巡査が毎日のように見回りに来た。製造工程の衛生管理の監視である。

船戸坂の中ほどに立ち我孫子方面を見る。右斜めの台地下に大正時代、志賀直哉が住んでいた。『和解』（大正6年発表）の中に、赤子であった長女慧子が病のため、我孫子の回春堂医院で診察を受ける。そして、熱を冷やすために氷を買いに行く場面がある。小説に出てくる「沼の向こうの氷蔵」は石原家の、この氷冷舎である。

新太郎さんは『和解』に出てくる3つの氷屋について次のように語っていた。「半左衛門」は氷冷舎の沼越し、小池ボート近くの茅葺き屋根の店であった。新太郎さんの父が大正5年に開業した。「菓子屋」は菓子屋ではなく角松本店向かいの当時の高田魚屋ではないかという。「山市」は新太郎の母親の店で、船戸坂から沼に出た氷の積み出し河岸にあった。

船戸坂を上りきった左側は船戸古墳群である。その先、右側に阿弥陀様板碑がある。石戸家先から裏側に上ると、ネギ畑の台地にでるが、平安時代初め、平将門が王城を建てることにしていた土地といわれる。将門は現在の坂東市岩井から藺沼―香取海に船出し、手賀沼に入る。大津川岸辺の河岸に入る計画であったと聞く。船戸坂は将門の軍勢や使役人たちが王城に通う坂道の予定地でもあった。将門は計画を達成することなく、藤原藤太らの矢に倒れたのである。製氷用水は王城予定地の地下から湧き出す水であった。船戸坂を上り、王城から見る手賀沼は一番の絶景である。

（相原正義）

〈ガイド〉
我孫子駅南口から手賀の杜行バス。道の駅しょうなん下車、12分

〈参考文献〉
相原正義「手賀沼百話」崙書房出版

妙照寺の坂

柏一番の大杉のある古刹

大杉は大丈夫?

令和元年の台風15号は、千葉県房総方面に大きなつめ跡を残した。強風による鉄塔倒壊や屋根瓦の被害、長く続いた停電と予想を超える被害の数々。

九十九里平野から下総台地に上ると山武杉の産地。京都の北山杉と並び称されるブランド杉。天をつくようなすくっとしたその風情が、無残にも壊されたことをテレビで見て、柏一番の大杉が気になって見に行く。

妙照寺の長い坂の途中、山門への階段を上って行く。山門をくぐって本堂の右手、一段高いところに、見上げると大杉は何事もなかったように立っていた。目通り約4m、注連縄を巻き付けた太い幹、長い年月を威風堂々と生きて来たのだ。

妙照寺の歴史

大津川を望む台地の突端に位置する長国山妙照寺は、鎌倉時代末期、日蓮の直弟子日弁上人によって開創された日蓮宗の寺院である。

境内には延享年間(1744〜8)に建てられた鐘楼堂、寛政9年(1796)に造営された山門が古い。日蓮上人の大きな像の後ろの本堂は、総檜造りの木造建築で、昭和45年に改築された。また山門の隣りに鬼子母神堂があって、七〇〇年もの永い年月、地域の人々の信仰を集めている。

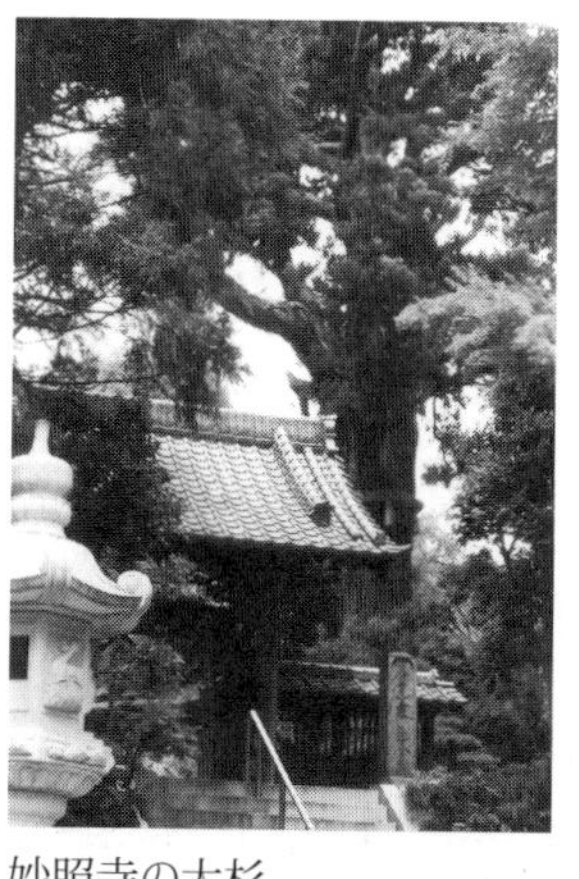

妙照寺の大杉

坂の周辺探訪

妙照寺の坂は柏印西線の柏から国道16号線を越えて、初めての交差点から始まる。

寺のある所は「御堂」という字で、坂を挟んで「追花(オッケ)」という字がある。オッケというのは「法華」がなまったものであるといわれている。大津川河口右岸のここ大井集落は、「ホラ」と呼ぶ小字が約60もある。奈良「正倉院文書」にも登場する歴史ある地域である。

およそ700mの寺沿いの緩やかな坂を下って行くと、露天と屋根付きの釣り堀にぶつかる。戦後に始め、三代目になるという。

釣り堀の先が大津川で、昭和30年の地図を開くと、川を渡る橋の印が書かれている。この橋は人しか渡れない木橋で「徒歩橋」といわれた。大井からこの橋を渡って戸張の台地に上って柏の街中へ行く近道であった。送り大師の時など大勢の人が来たときには、小舟を出して駄賃稼ぎも出来たと、地元の人の話だ。

大杉の立つ境内の先には墓地が広がっていて、その一角には「樹木葬」の墓地もある。眺めのよい場所である。

(竹島いわお)

〈ガイド〉
柏駅から東武バス小野塚台行き中井下車、徒歩5分

〈参考文献〉
『沼南風土記　1・2』
『歴史ガイドかしわ』
「沼南のむかし」

妙照寺の坂

三夜堂の坂（さが）

お諏訪（流山）帰りは泉の三夜

菅谷山のタニシ不動

柏印西線は旧沼南町を東西に貫く県道である。町の中央部に位置するのが泉地区で、交番のある信号の先、左手に小さなお堂が建っている。

明治12年、新潟県蒲原郡菅谷寺から勧請した石像のお不動が祀られている。この不動尊はタニシが不動にとりつき火災から免れたという言い伝えがあって「タニシ不動」と言われる。

お堂のそばにはかつて湧水があり、眼病に効くというので多くの参詣客があった。平成11年再建された、ひっそりとしたお堂の脇の急坂を上って行き左折する。

泉の妙見社

大きな屋敷が並ぶ小道を真っ直ぐ進む。右手坂下に白い壁の三夜堂が見えるがさらに行くと、そこは小さな舌状台地で「字中城」という。

妙見社の拝殿、本殿、稲荷社が建ち並んでいる。妙見社は北斗七星を神格化して、妙見大明神（仏教的には妙見菩薩）を祀り、千葉氏や相馬氏が信仰した。戦国期には相馬氏の城跡の一部で物見やぐらと見られている。

毎年2月22・23日には、「鳥ビシャ」という珍しい例祭が執り行われる。オビシャは備射、奉射、武射、歩射、奉社などといわれ、関東地方で広く行われる五穀奉納の行事である。

「鳥ビシャ」は、白米を乾燥させ粉にして鳥を形つくる。それに赤・黄・青・緑・金などで色彩を施し精巧な形にするという。かつては近郷近在からこの鳥を目指して参詣客が多かった。

現在では、鷲野谷の星神社とここだけで行われるたいへん珍しい民俗行事である。

二十三夜堂とおせしさま

妙見社から少し戻ると、正面に白い壁のお堂が見える。そこは下からの道と右に上り二手に分れる道と、お堂の付近は坂道が多い。

二十三夜堂（通称、三夜堂）は、真言宗豊山派の吉祥院の建物で、坂を上って左手の手賀西小学校のところにあった。明治18年の創立で三夜堂だけがこの坂に残ったという。

三夜堂の坂

現在の三夜堂は、平成9年に再建されたものであるが、本尊聖観世音を祀っている。お堂としては大きくて珍しい。例年、8月23日におせがきの法要があり、かつてはその前日に行われる流山の諏訪神社と並んで参詣客が多く〝お諏訪帰りは泉の三夜〟とうたわれたという。

西小学校正門の前角に、通称〝おせしさま〟と呼ばれる板碑がある。この板碑は天文4年（1535）に造立された緑泥片岩で、大きさは高さ65㎝、幅30㎝、厚さ3㎝ほどで、注連縄がかけられている。庚申待板碑としては、関東では古い方で、柏市有形文化財となっている。

三夜堂、妙見社、おせしさまと、あまり広くないこの泉地区には、地元の人々の祈りが詰まっている。

（竹島いわお）

〈ガイド〉
柏駅布瀬行き、手賀の丘公園行「泉入口」下車
〈参考文献〉
『沼南風土記（二）』ほか

間(あい)の坂(さか)

カワウソ伝説

カワウソは川や湿地に生息するイタチ科の肉食動物だが、現在、ニホンカワウソは日本では絶滅してしまったようだ。

手賀沼でカワウソが獲れた頃、箕輪に住む与惣治という農家の次男坊がカワウソを獲り、殺してしまう。そのたたりか与惣治も亡くなり、家人はカワウソと息子の霊を弔うため石の供養塔を立てた。

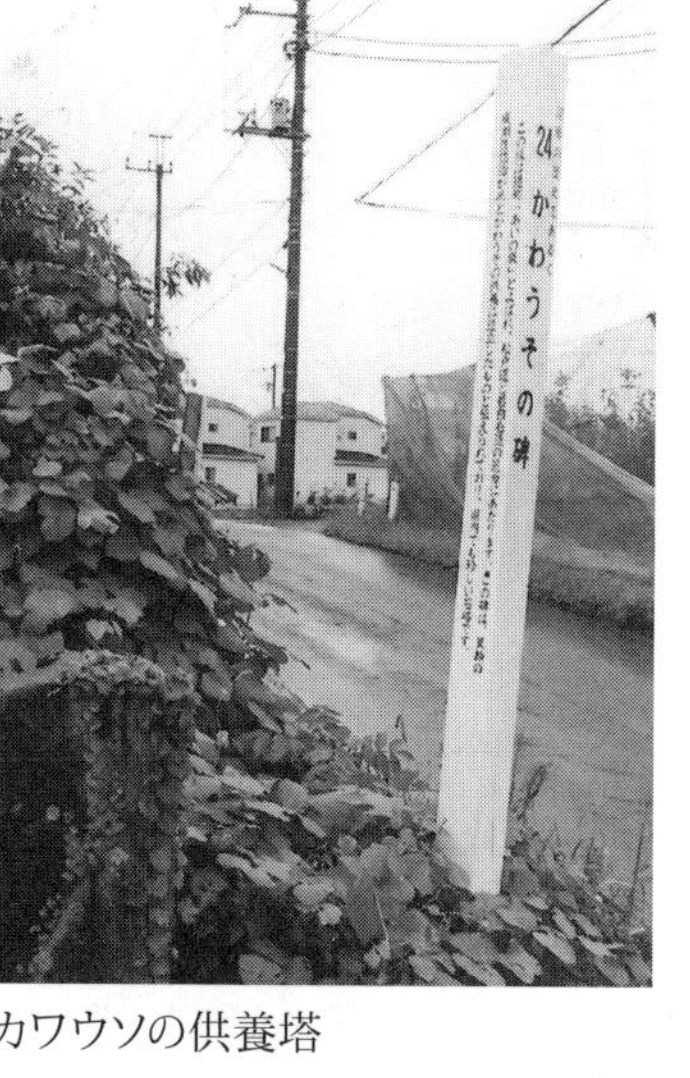

カワウソの供養塔

間の坂

この供養塔は道標を兼ねていて、右側に「石尜（松）戸道」、左側に「若志らが（若白毛）道」とある。1mほどの石塔上部の正面には、「オンサ・ンマ・ヤ・サトバン」と発音する梵字5字が刻まれ、下には「祭獺之制底」と彫られている。

梵字の意味は「仏と衆生と平等一体」ということで、「祭獺」はカワウソのことで、「制底」はお墓のことらしい。カワウソという珍しい動物を弔い、それと同時に道標を兼ねるというこの供養塔は誠に貴重なものである。

間(あい)の坂の由来

さて、この珍しいカワウソの供養塔のある坂を訪ねて見よう。手賀沼大橋の袂にある「道の駅しょうなん」から出発する。ここの道の駅は30ある千葉県の道の駅の中、8番目に出店、オープンから延2，000万人の来場者を数える。

通称フナトリ線（我孫子船橋線）を大橋と反対に上って行く。最初の信号を左折、バス停がある。「渡船場入口」という珍しい名だ。かつて道の駅の近くに渡船場があった名残である。

沼南地区は永年、我孫子への橋がなく橋が架かったのは、やっと昭和39年で、沼南側から土手を築いて90mの橋が出来た。しかしこの橋は狭く交通渋滞をつねに起こし、さらに手賀沼を真ん中で仕切ったため流れを悪くし、沼の水質汚濁を高めてしまった。

現在の4車線415メートルの新手賀沼大橋が出来たのは、平成13年のことである。

カワウソ碑のあるY字の坂は、香取神社を過ぎ左折して下がって行くとぶつかる。周囲は梨畑でゆるやかに坂は上り下りしている。

ここは箕輪と若白毛という集落の境である。この坂を過ぎると、近鉄不動産を中心として造成された「ロイヤルヒルズ手賀の杜」という新興住宅が広がっている。

間の坂は、カワウソの碑とともにわずかにむかしの面影を残す場所である。

（竹島いわお）

〈ガイド〉
我孫子駅より坂東バス、手賀の杜行き箕輪下車徒歩5分

〈参考文献〉『沼南風土記2』沼南町教育委員会　平成元年刊

弘誓院の坂

名刹の急坂

大僧正・行基が創建の寺院

弘誓院は柏市の東部、手賀沼南部の県道282号線（柏―印西線）沿いの柳戸（旧沼南町）にある真言宗豊山派の寺院。また「下総観音霊場三十三番めぐり」の、第三十三番札所として、「柳戸の観音さま」と信奉される。正式には「蓬莱山　弘誓院　福満寺」という。9世紀初頭、大同年間（806～810）に、奈良の大僧正・行基上人が創建したと伝えられる。

文化財が豊富

県道282号線の、「手賀の丘公園入口」手前の共同墓地の看板を目印に左折し、柳戸の集落に入る。集落を通り、熊野神社前の狭い急坂の参道を下る。すると、その先に「流れ勾配の銅板屋根」の寺院が現れる。緑色が映える弘誓院である。樹林に囲まれた谷地に立つ本殿は、名刹の密教寺院にふさわしい佇まいだ。

この寺院の特質たる本殿には、秘仏の「聖観世音菩薩坐像」（60年に一度の御開帳）と、「妙法蓮華経版木」の、いずれも貴重な文化財（県指定）を所蔵している。

弘誓院の坂

弘誓院

境内には、2本の大銀杏（市指定文化財・天然記念物）がそびえ立つ。この大銀杏は当寺院を象徴する雌雄の樹木である。

昨秋、取材で訪ねたとき、境内の落ち葉を掃いていた檀家の古老が「雌の銀杏の樹には実がいっぱいなるよ」とゆびを指した。筆者は「なるほど」と、写真に収めた。

急坂の形状

江戸時代に干拓された手賀沼流域の新田地帯と、白井市や印西市の水田地帯に挟まれた旧沼南町（柳戸、手賀、布瀬）は、下総台地の高台にあって、周辺との段丘、高低差が激しい。

先述した柳戸の狭い急坂も、そうした台地上の高低差により形成された。弘誓院参道に通じる坂道として、「弘誓院の坂」といわれる。

その形状はかなりの急坂で、傾斜が25度あり、道幅は3・3メートル、長さは80メートルほどある。当寺院への参拝ルートとして、高台にある駐車場と、古色蒼然とした「鐘楼堂」脇の急坂から下りる道もある。ここには石段もあるが、急勾配で利用するには要注意。

なお、当寺院は北方に広大な共同墓地（「柏・ひがし聖地公苑」）を抱え、そのルート（手賀沼寄り）からも参拝できる。駐車場有り。

（上野健夫）

〈ガイド〉
柏市柳戸612
柏駅東口「手賀の杜公園」行バス柳戸下車、徒歩5分
〈参考文献〉『沼南町史第1巻』220頁参照
本巻シリーズ第34号『東葛寺社事典』、同第37号『東葛建物事典』に所収「弘誓院」の項目。
〈取材協力〉弘誓院檀家ほか

布瀬百庚申の坂

祈りの坂道

横一列の石仏群

「百庚申」の石仏は柏市の東端、布瀬（旧沼南町）にある。県道282号柏―印西線の、信号のない交差点の路傍に横一列に連なり、道路側に向いて立っている。柏方向からは、「手賀東小学校入口バス停」標識の道路沿い左側、約40メートルにわたり、それぞれの石仏が相似の姿・形をして、整然と並ぶ。それらの造立は延享3年（1746）から明治15年（1882）とされる。

百庚申とあるが、数えてみると実在の庚申は97基であった。

百庚申への坂道

「百庚申」の裏の森林には、最近ブームのアウトドア施設、「柏しょうなん夢ファーム」がある。交差点の反対側（南方）に下りて行くと、高齢者施設、「アネシス」まで、逆S字状の下りの坂道（約250メートル）が続く。台地の上の県道から下る坂は、ところによって急坂もある。最大傾斜で17度くらい。これが「布瀬百庚申の坂」だ。南東方向は新田の水がめ、手賀川下流の下手賀沼を望む。布瀬新田の干拓者たちや旅人らが、この坂を上り、「百庚申」での祈願をめざした。

布瀬百庚申の坂

布瀬の百庚申

柳田國男と民間伝承

かつての手賀村と布瀬村の村境にある「百庚申」の地では、地域の人々が無病息災・安全と豊作を祈願した。たくさんの石仏塔を建てることで、より多くのご利益を望んだのであろう。街道を行く旅人たちも、ここで手を合わせ旅の安全を祈願したとされる。

日本民俗学の柳田國男[1]は、これらの人々を常民（一般の民、庶民）と呼び、路傍の庚申塚に託す常民の思いを民間伝承の一形態と見た。これを民俗学と、考古学、人類学との連携で、新たな研究成果が得られるであろうと唱えた。

布瀬の由来

ここで布瀬の地名の由来について言及する。我孫子側の湖北や新木に行く旅人らのために、手賀沼の渡し場（布瀬の千間堤辺り）近くの集落に「布施屋」（宿泊所）を置き、今日でいう「オモテナシ」する習わしがあった。その布施屋が転じて布瀬になったという説がある。

（上野健夫）

1 柳田國男（1887～1962）少年時代、長兄宅利根町と我孫子市布佐で過ごした。

〈ガイド〉
柏市布瀬89
柏駅東口「布瀬行バス」小学校入口下車、2分

〈参考文献〉
『柳田國男全集』（筑摩文庫）
『沼南風土記①、②』（沼南町刊）など

香取・鳥見神社の坂

宮前の坂

布瀬の鎮守

柏市の最東端にある香取・鳥見神社は、布瀬（旧沼南町）の森林の高台に建つ。古くから手賀沼に暮らす人々の村社として、篤い信仰を得てきた。両神社は「対等合祀」[1]により、二社一体の神社となった。祭神は香取神社が経津主命、鳥見神社が饒速日命で、布瀬の鎮守である。

神社の創建は古く、飛鳥時代の文武天皇2年（698）と伝えられる。鬱蒼とした境内には3千年前の布瀬貝塚も確認されている。鳥居から長い参道（150㍍）を進み、神殿を見ると悠久の歴史が醸し出される。

手賀沼産輸送の坂道

当神社の入り口の横に急坂がある。これを「宮前の坂」といい、これは地図のない時代、人々はこの坂を目印にしたと思われる。布瀬の集落からは下り、手賀川からは急激な上りとなる。県道柏―印西線から神社までおよそ500㍍、神社下の交差点からの坂道の長さは200㍍で、最大の傾斜度は25度くらいある。上りの場合は神社入り口で大きく左折する。

香取・鳥見神社の坂

香取・鳥見神社

神社の真下の交差点辺りは、手賀沼の沢地であった。手賀川に架かる千間橋の淵には、「千間堤跡」という渡しがあった。沼で獲れる鯉や鮒、鰻に加え、鴨猟もあり[2]、これらの産品は渡しに集荷され、「宮前の坂」を上り、「鮮魚街道」の経路で江戸、東京に運ばれた。手賀沼の特産品として、高い評価を得ていたという。

高台先端の周りは手賀新田、布瀬新田が広がり、南側には用水路のような形状の下手賀沼が見える。これらの新田は、徳川時代から明治近代にかけての手賀沼干拓事業により、県内有数の稲作地帯を生んだ。

美観の布瀬半島

かつて手賀沼の水面は、干拓全域にまで広がり、壮観であったという。それは以下の表現で示されている。

「手賀沼の干拓以前までは、あたかも水中に突出した半島さながらの景勝地であった。[3]」

実際に、我孫子市側から眺望すると、満面の水が広がった〝布瀬半島〟の美観のイメージがわいてくる。

現在、半島先端の香取・鳥見神社の森は、柏市が「ふるさとの森公園」として市民に開放した。

（上野健夫）

1 対等合祀　友の会研究誌34号『東葛寺社事典』（「香取・鳥見神社」）より。

2 手賀沼の鴨猟　手賀沼古来の仕掛け網で捕獲し、生きたまま運んだ。猟は11月から2月に限られ、布瀬の人々に貴重な収入源であった。香取・鳥見神社には鴨猟を伝える記念碑がある。（『利根川図誌』）

3 引用文献『沼南町史　民俗編』180頁より

〈ガイド〉
柏市布瀬宮前1377
柏駅東口「布瀬行バス」終点下車、徒歩12分

第4章

松戸市の坂道

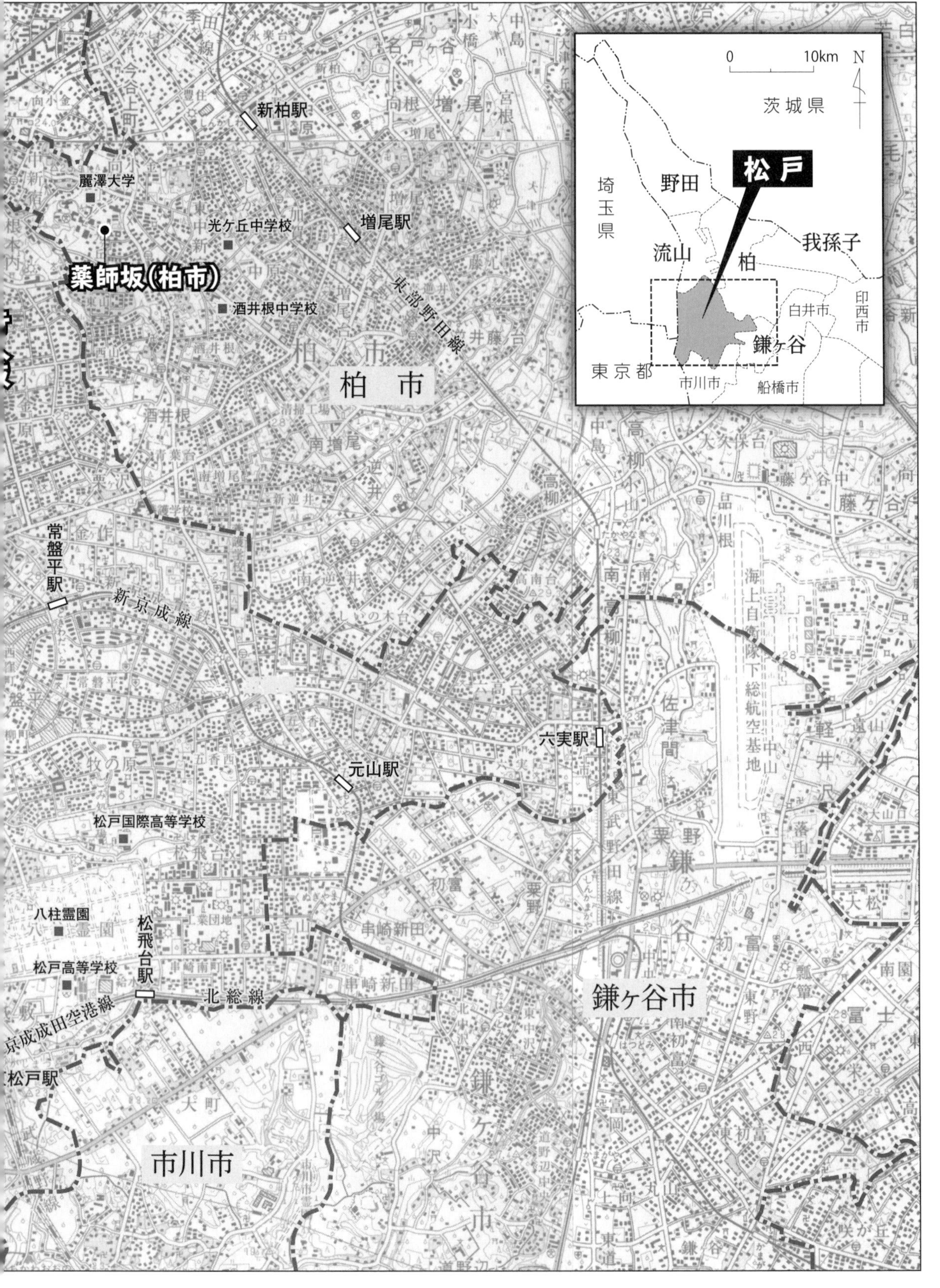
新柏駅
増尾駅
麗澤大学
光ケ丘中学校
薬師坂（柏市）
酒井根中学校
東武野田線
柏市
常盤平駅
新京成線
六実駅
元山駅
松戸国際高等学校
八柱霊園
松飛台駅
松戸高等学校
北総線
京成成田空港線
松戸駅
鎌ヶ谷市
市川市
海上自衛隊下総航空基地
0
10km
N
茨城県
埼玉県
野田
松戸
流山
柏
我孫子
白井市
印西市
鎌ヶ谷
東京都
市川市
船橋市

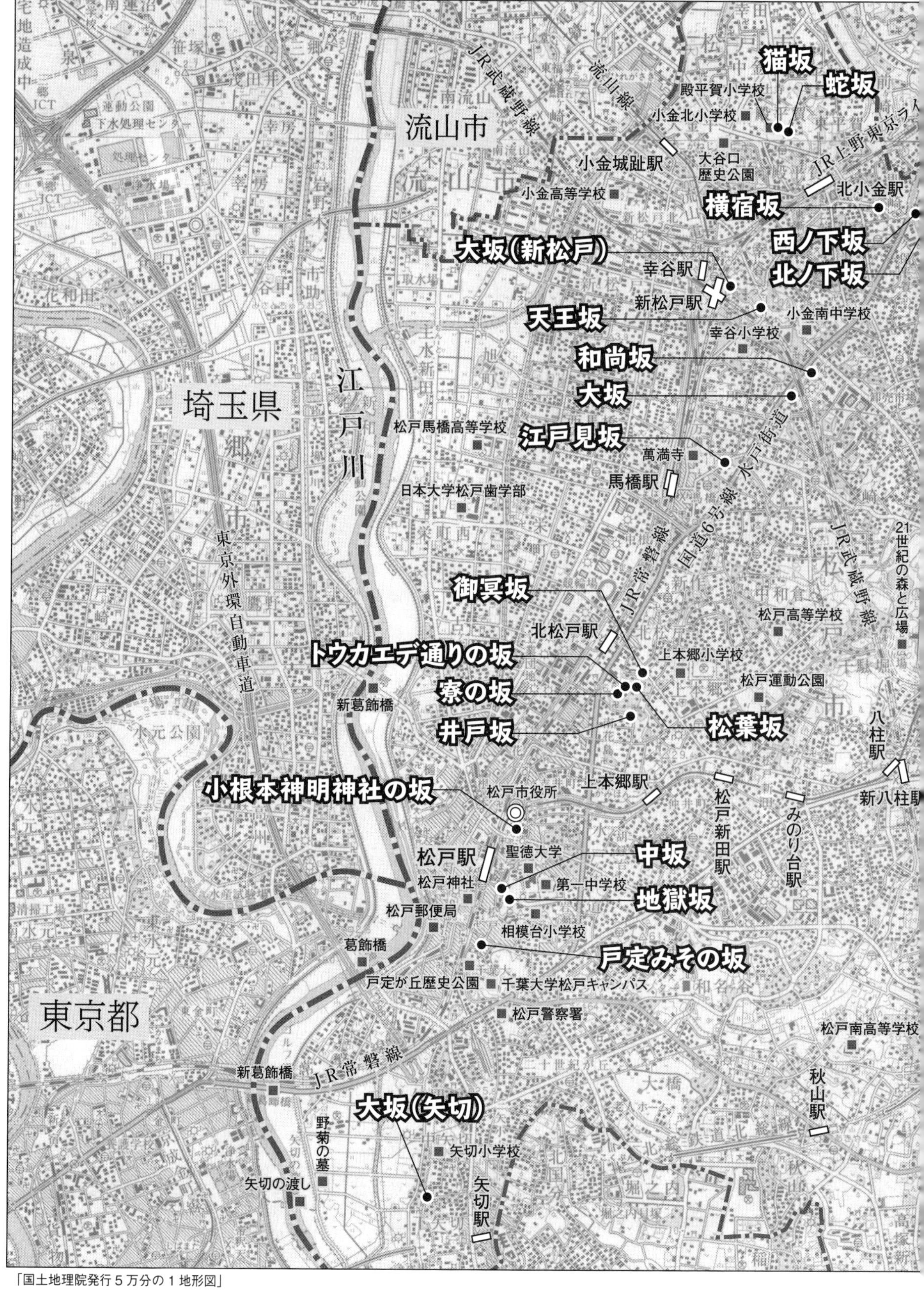

猫坂
蛇坂
流山市
殿平賀小学校
小金北小学校
小金城趾駅
大谷口
歴史公園
JR上野東京ライン
北小金駅
小金高等学校
横宿坂
西ノ下坂
北ノ下坂
大坂(新松戸)
幸谷駅
新松戸駅
天王坂
小金南中学校
幸谷小学校
和尚坂
大坂
江戸見坂
萬満寺
水戸街道
馬橋駅
国道6号線
JR常磐線
JR武蔵野線
JR武蔵野線
流山線
埼玉県
江戸川
松戸馬橋高等学校
日本大学松戸歯学部
東京外環自動車道
21世紀の森と広場
御冥坂
北松戸駅
松戸高等学校
トウカエデ通りの坂
上本郷小学校
寮の坂
松戸運動公園
新葛飾橋
井戸坂
松葉坂
八柱駅
新八柱駅
小根本神明神社の坂
松戸市役所
上本郷駅
松戸新田駅
みのり台駅
聖徳大学
松戸駅
中坂
松戸神社
第一中学校
地獄坂
松戸郵便局
相模台小学校
葛飾橋
戸定みその坂
戸定が丘歴史公園
千葉大学松戸キャンパス
東京都
松戸警察署
松戸南高等学校
新葛飾橋
JR常磐線
秋山駅
大坂(矢切)
野菊の墓
矢切小学校
矢切の渡し
矢切駅
下水処理センター
運動公園

「国土地理院発行５万分の１地形図」

戸定みその坂

天皇・皇后両陛下ご来場記念

戸定、そして「御殿場」

常磐線の電車が江戸川を渡って間もなく右手に見える丘が戸定が丘歴史公園である。その中に徳川昭武が暮らした戸定邸（国指定重要文化財）と庭園（国指定名勝）や関連する資料を集め展示する歴史館などがある。その「戸定」とは外城、あるいは登城の音にも通ずる地名で、中世に城館がつくられたであろうことを示している。その空堀や土塁の遺構の一部が千葉大学園芸学部の敷地にある。

ところで、『関宿通多功道見取絵図』（文化四年）を見ると江戸川の金町・松戸御関所を通って角町を右に曲がり、「是ヨリ小山村」のところを左に曲がると「御立場道弁金ケ作村野馬方陣屋江道法一里八町」と書かれた細い道を行くとやがて「戸定山」と「御殿場」がある。「戸定山」は現在の千葉大学園芸学部の

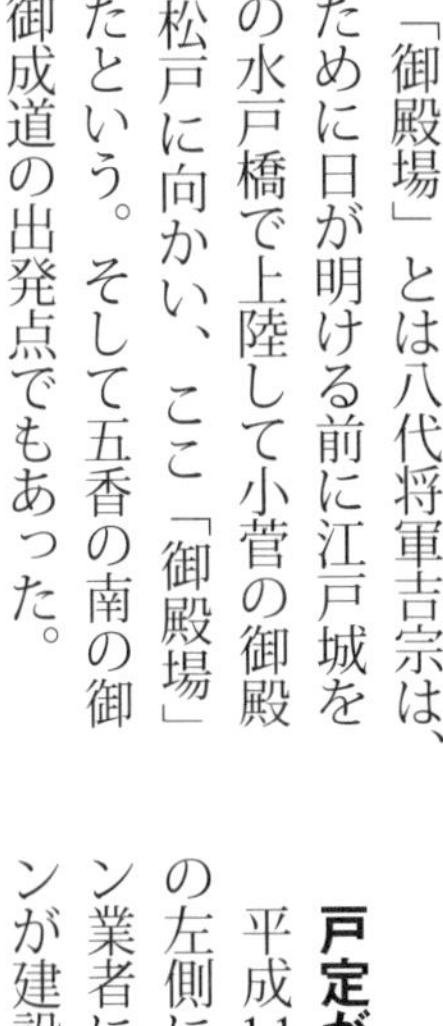

旧正門から左側の戸定が丘歴史公園一帯を占める。そして「御殿場」とは八代将軍吉宗は、御鹿狩に行くために日が明ける前に江戸城を発ち、綾瀬川の水戸橋で上陸して小菅の御殿で小休止し、松戸に向かい、ここ「御殿場」で朝食を摂ったという。そして五香の南の御立場に向かう御成道の出発点でもあった。

戸定みその坂下から、正面に歴史館が見える

戸定館の近代史

茅葺門から入ると左に歴史館、右に戸定邸があり、戸定邸からは江戸川を見ることができ、遠く富士山も見えた（金町駅前にタワーマンションができ、景観は失われた）。この景勝地に水戸徳川家第十一代の昭武が明治16年に余生の地として入手し、同43年になくなる直前まで過ごした。この間、のちの大正天皇が皇太子時代、あるいは多くの皇族が訪問したり、徳川慶喜も写真撮影に来た。

昭武氏の跡を継いだ武定はここで生まれ育ったが、昭和26（1951）年松戸市に寄付した。そのときに松戸市が「戸定館」と名付け、茶室・松雲亭を建てたり文化施設として利用をはじめたが、敷地はかつての敷地の3分の1程度である。

戸定が丘歴史公園の景観を守る

平成11年春にバス通りから上がってくる坂の左側にあった大和銀行の社員寮がマンション業者に売却された。近隣の住民はマンションが建設されたら戸定が丘歴史公園の景観が破壊され、狭い坂道に車が多く通行するようになり、生活が脅かされる等々の理由で反対した。そのことを知った松戸史談会の神尾武男さんから「本土寺の（裏山）問題と同様にぜひストップしたいと」連絡を受けた小金の緑と文化財を守る会はじめ多くの団体、市民も署名を集め松戸市に提出した。その結果、松戸市は駐車場として今日に至っている。

平成21年に天皇・皇后（現、上皇ご夫妻）が戸定邸及び千葉大園芸学部（百周年）を訪れたことを記念して松戸市は戸定館に上る坂を「戸定みその坂」と命名された。

この項の取材で訪れたら歩道もきれいに広くなっていたし、駐車場の一部が公園になっていた。

（田嶋昌治）

〈ガイド〉
松戸駅東口より徒歩13分

〈参考文献〉
松下邦夫著『松戸の歴史案内改訂新版』郷土史出版
田嶋昌治著『地域の歴史発見』崙書房出版

地獄坂

陸軍工兵学校に上る急坂

大字・相模台

江戸川の左岸にある下総台地は武蔵野を見渡すことができるなどから戦国時代以来アジア・太平洋戦争まで軍事、戦闘に大きな役割を持ってきた。松戸駅脇の相模台や南にある戸定が丘歴史公園のある台地もそうであった。特に相模台は水戸街道、常磐線の交通の要衝を押さえられることで大きな意味があった。

近代戦と馬匹の改良

近代戦の日清、日露戦争で軍馬の質の向上と供給の重要性を考え、在来種を断種し（その結果、現在の在来種の残存は三ケタに）、サラブレッドの輸入に努め、去勢の技術も取得した。一方、優秀な馬の育成の必要もあって各地で競馬会が催された。相模台でも明治38（1905）年末から39年初期にかけて競馬会が開催され、その後数年間競馬会が行われた。

地獄坂の途中にある陸軍標石

陸軍工兵学校の正門と歩哨廠舎

陸軍工兵学校創設

大正8年11月、陸軍は東京に近いこともあってこの地を買収して陸軍工兵学校を創設した。工兵学校は目まぐるしく進歩した近代戦に対応するために初めは工兵専科の中隊長（大尉）クラスの有能な将校を対象にして、革新的な技術と戦略を教育・研究させるためであった（のちには曹長クラスの下士官・幹部候補生などのクラスも設けられた）。

訓練内容とその実行例

さまざまな訓練の中で架橋と橋爆破の演習は台地斜面と江戸川が利用され、坑道訓練は現在の二十一世紀の森と広場公園の斜面で行われ、その遺構がわずかに残っている。築城技術の演習は和名ケ谷から稔台地区にわたる練兵場で行われた。こういう訓練の成果？として昭和3（1928）年6月の張作霖爆殺事件、同6年9月の満州事変の契機である柳条湖の満鉄爆破や同7年2月の肉弾（爆弾）三勇士[1]の行動がある。

その厳しい演習で疲労困憊になった工兵学校生徒が整列して標高差20m余ある相模台へ上ることが大変であったことから「地獄坂」とよばれるようになったという。

戦後の相模台

この坂の路面や排水溝は戦後改修されたが、石垣の上り右側は10年ほど前であろうか、削って広くしたようである。

なお、敗戦後まもない9月には東京工業専門学校関係が移転して来たりしていたが、昭和39年には聖徳学園が校地を購入して短大をつくり大学創設へと発展した。また、松戸市が中央公園として整備して今日に至っている。

その工兵学校の正門とその脇に立つ歩哨廠舎は平成21（2009）年6月に松戸市文化財に指定された。

（田嶋昌治）

1『続・陸軍工兵学校』工交友会編著

〈ガイド〉
松戸駅下車徒歩10分

中坂

松戸宿はずれの野道の先

「中坂」はどこ？

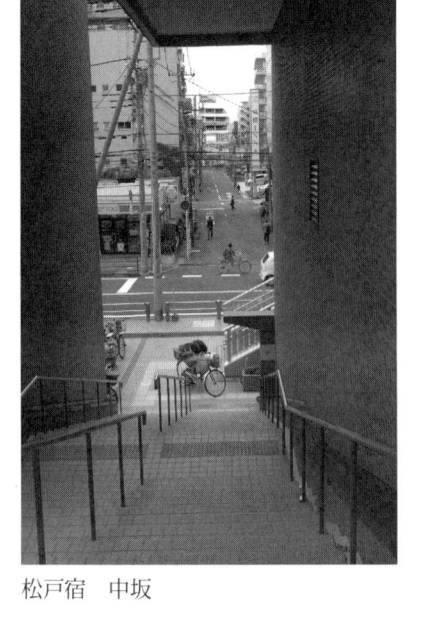

「中坂」の名前は、どこにもありそうな坂だと思われるのではないか。『関宿通多功道見取絵図』（文化4年（1807）・以下『絵図』）の「松戸宿」の文字の斜め上、字相模台から左にやや下り小さな上りを経てまたやや下ったその上の丘の中腹に小さく書かれている。

相模台とその前面の松戸宿

相模台の並びに『絵図』では松戸市の戸定みその坂（74頁）で紹介した「戸定山」、「御殿山」が一番西に在り、その東に旗本の「高木筑後守　古城跡之由　字城山」が見える。

松戸宿　中坂

この城山は小さい山に続いて城郭を思わせる平坦な土地が見える。戸定が丘歴史公園とは別の土地と思われ、千葉大園芸学部やその農場である赤発毛であろうか。その古城址の手前の麓に「松龍寺鐘」があり、さらに手前の松戸宿には「松龍寺」が描かれている。松龍寺とは高城氏一族が創建した寺で、松戸市史中巻付図の「年代不詳」松戸村絵図にはその一族の陣屋敷と天領地支配代官の陣屋が現在の松戸神社の地に書かれている。

そのまま松戸宿を見ると「御嶽権現」とあり、その境内の様子が良くわかる。御嶽権現とは現在の松戸神社で、改名した理由は小金横町（87頁）で紹介した牛頭天王社と同じであろう。

さらに進むと左に「松木庵」、右に「下総国木下道（きおろし）　道法七里」と書かれた道がある。「松木庵」は現在不明だが、「松の木通り」という道がいかにも古道という感じで細く曲がりながら樋野口橋、坂川方面に向かっている。

「木下道」とはいわゆる「鮮魚街道（なま）」（銚子などで陸揚げされた魚を江戸に輸送）のことであろう。その魚は江戸川の河岸に送られ、平潟河岸、良庵河岸（納屋河岸）、下河岸の松戸河岸に送られるのであるが、それが「小根本邑」を通って相模台の縁を進み、小根本児童公園の前から国道6号線に行く道と考えられる。

中坂は金毘羅神社への道？

そうするとこの道より南側にある「中坂」はどこであろうか？　現在の地形からははっきりと考えられる道はないが、もう一度宿場を見ると西蓮寺の前から細い道が東に向かい駅際を通り相模台に向かう道がある。イトーヨカドーの隣のライオンズステーションタワーマンション松戸の脇の急な階段を上ると左手に金刀比羅神社がある。江戸川にあった良庵河岸、源内河岸あるいは平潟から舟運の安全を祈った船頭たちは金刀比羅神社へお参りに行ったという。

平成14年前後に金刀比羅神社の樹木伐採や境内問題が起き、松戸史談会の秋本勝造氏らが問題提起して新聞報道され、無事遷座（せんざ）された。その脇の道を通り過ぎて松戸中央公園や松戸市立第一中学校辺りを通り、胡録台方面に行く道があったのであろう。何しろ相模台とその周辺は地獄坂（75頁）で紹介したように明治38年の競馬場、そして工兵学校など変貌の歴史を歩んでいるのである。

（田嶋昌治）

〈ガイド〉
ＪＲ松戸駅東口徒歩5分「ライオンズステーションタワー松戸」脇の道

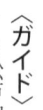

小根本神明神社の坂

市役所前の坂

こぢんまりとした神社

「小根本神明神社」は、松戸市役所の本館正面の小高い丘に建つ。

松戸駅からのルートは、駅東口の歩道橋を降り、二つ目の角を左折し、一方通行の東口商店街通りを１００mほど直進。すると、流山街道（県道5号松戸野田線）につながる「岩瀬跨線橋」に出る。その跨線橋の下を抜け右折、20mくらいで左手に鳥居が見える。35段の石段を昇ると、こぢんまりとした神殿に直面する。

参拝後、周りを見渡すと、結構高い位置にある。左前方には、聖徳大学・短期大学の高層キャンパスが目に付く。林立するマンション群も際立つ。真後ろは、高台にある市役所を仰ぎ見る位置となる。神殿後方には、神社名の看板が立てられ、市役所側からも、神社の建物であることが確認できる。当神社の創建は不詳であるが、天照大神を主祭神とし、伊勢神宮内宮を総本社とする。全国に数多くある神社のひとつである。

戦後、建てられたという社務所は平常、不在のようだが、この時季（10月）は、下旬に行われる「秋の祭礼」で多忙になる模様だ。

小根本神明神社前の坂

小根本神明神社

松井天山が描いた松戸の町

参道入口の案内板に、松井天山(1)という特異の画家が制作した「千葉県松戸町及明村鳥瞰図」（昭和5年5月写生）の複製コピーが掲示されている。その作風が面白い。地域の原地図に沿って描いた、その作風が面白い。昭和初期の松戸町と明村(2)を絵図から見る傑作品といえる。原画を見たい感がする。なかには道すがらに立ち寄って、その絵図をじっくりと見る方もいた。

この絵図を見ると、江戸川を眼下に、松戸駅周辺や当神社の周辺が仔細に描かれている。現在の市役所辺りは昭和初期のころ、松林であった。

その絵図には、画面上に縦横に張り巡らす道路網も忠実に描かれている。この一帯は台地上にあり、坂道と思われる湾曲の道が描かれている。当神社の高台からも松戸駅、江戸川、東京を見渡していたのであろう。

坂の形状

当神社の神殿の位置と市役所本館の標高は、11mでほぼ同じ高さだ。先述した跨線橋を抜け、当神社裏側の市役所通りの湾曲した坂道を「小根本神明神社の坂」という。傾斜12度ほどの緩やかな坂で、市駐車場近くまで80mの長さである。坂の中間地点には、市庁舎に所用の方々のために階段が設けられている。

（上野健夫）

1　松井天山　（明治2年〜昭和22年）、千葉県生れ。県内各地の光景を、鳥瞰図（俯瞰図あるいはパノラマ図ともいう）の方法で描いた。地上の一点から市街地を見下ろし、地図と絵画で表現。広告、宣伝用の案内図として作成した。（朝日新聞「キーワード」）

2　明村　かつて東葛飾郡にあった村、現在の松戸市の中部で市役所、小根本神社も明村であった。

〈ガイド〉
松戸市小根本6
松戸駅東口徒歩7分

〈参考文献〉
千野原靖方著『松戸の歴史散歩』

大坂

矢切の坂道

京成成田空港線・北総鉄道線の矢切駅（地下ホーム）を下車。駅前の松戸街道（県道松戸―市川線）を右に松戸市内方向へ300m進む。信号二つ目の下矢切交差点を左折し、住宅街を道なりに歩を進めると、約500mほどで目的地の「大坂」に到達する。この一帯は高台の頂点にある。

激戦地の坂

「大坂」は戦国時代、一大合戦場[1]になった。小田原の武将・北条氏康の軍勢に与した小金の高城胤吉の軍と、安房の里見義尭の軍とが激突した。軍勢に優る北条軍が勝利した。これら三軍合わせて、1万人の戦死者とも伝えられる。

『野菊の墓』文学の郷

明治近代には、歌人・伊藤左千夫[2]が矢切を舞台地とする文学作品『野菊の墓』[3]を発表。15歳の少年と17歳の少女との、いとこ同士の清純愛とエレジー（悲恋）を描いた伊藤の最初の小説で高評を得た。戦後の昭和30年代には映画化され、以降テレビドラマや舞台劇の原作となり、矢切の地が脚光を浴びた。

作品は多くの読者に読み継がれ[4]、近年まで読書感想文コンクールなどに取り上げられていた。現在の中高校生には、どんな読後感をもつのだろうか？

大坂の高台には、真言宗豊山派寺院の西蓮寺と展望台のある景勝地・野菊苑があり、双方を歩道橋でつないでいる。西蓮寺境内の芝庭には、伊藤の「野菊の墓文学碑」が建立され、「矢切の渡し」とともに、多くの人々（恋人同士や中高年カップル等）が訪れてやまない。

大坂（矢切）

斜面林の役割と坂道の形状

常磐線の車窓から矢切方向に眼を遣ると、台地上に山林が見える。その山林は台地に根付いた木々に覆われ、矢切の斜面林といわれる。

斜面林の椎木が強風暴風対策だけでなく、台地の基盤保持、崩落防止、緑化保全（水源）、そしてこの一帯に生息する多様な生きものも守っている。これらの様相を今回の現地取材で実感した。

西蓮寺と野菊苑の高台（標高25m）からは、江戸川の流れの先に東京、富士山も遠望できる。（伊藤は『野菊の墓』の作品で、パノラマふうに見渡したこの光景を鮮明に描写している。）

松戸市の地形の特質は、洪積世の下総台地と沖積低地で形成されているという。その高低差は20m余あり、高台と低地の間に傾斜地があり、坂道がある。この「大坂」はその典型的な地といえよう。

「大坂」は斜面林下から上る際、クランク状[5]の坂道を上り、坂上の高台で急坂となる。その長さは320mある。斜度平均は3・4度と記録[6]されている。

（上野健夫）

1 国府台の合戦　天文7年（1538）の第一次合戦（松戸・相模台の戦い）に続き、第二次合戦が永禄2年（1564）に大坂で起きた。
2 伊藤左千夫（1864～1963）、千葉県成東町（現山武市）生れ。
3 『野菊の墓』明治39年（1906）、高浜虚子の主宰『ホトトギス』に発表
4 新潮文庫版　昭和30年10月に初版、令和元年6月現在、118刷。
5 クランク状　急坂の地点を直角に、直角にと続けて曲折する形状により、道がなだらかになる。
6 松戸市役所街づくり部「水とみどりと歴史の回廊マップ」（矢切地区）

〈ガイド〉
松戸市下矢切261付近
矢切駅下車、徒歩15分

井戸坂

カンスケ井戸の坂

上本郷台地

北松戸駅は昭和25年（1950）4月に県営競輪が開催され、同27年に競輪開催日のみの臨時駅として北松戸駅ができ[1]、同33年より普通の駅になった。駅を出て東側の国道6号を進むと急な坂なるがこれは昭和30年代の区画整理で広くした道である。上本郷台地に上るこれ以外の坂は昔から使われていた坂で広くなったものであろう。台地の小字は花台という。

左記の急坂、トウカエデ通りを上って信号を右に曲がったところに明治神社があり、そのまま直進すると本福寺にぶつかる。そして左に行くと中世（古代末から鎌倉・室町時代）にこの地方にあったという風早荘の中心であったという風早神社方面で、そのあたりは惣台（惣代）といい、行き交うことができる道である。

しかし、先の花台地域は昔のままの道で、車の行き交いは難しい道であり、地元の人でなければ道に迷うように思われる。この二つの神社の秋の例祭日（10月）に行われる三匹獅子舞は市内の日暮、千駄堀のより古い形を保持しているといわれ、ともに県指定無形文化財である。

井戸坂と本福寺、そして斬られ地蔵

上本郷地域の南の低地にある前田公園のそばにある命名の由来のわからないカンスケ井戸を見ると、最近見ること少ない、湧水で小さいけれど何か癒される池である。生活用水、農業用水として人々の暮らしを支えていた。また村人が集まる所として高札が立てられ、領主の告示を見たりし、民衆の意見交流の場でもあった。

井戸の前に階段がある。これが「井戸坂」であり、すぐ二股に分かれるが右側を上がると本福寺の前に出る。本福寺は一遍上人が開いた時宗で、嘉元元年（1303）遊行二代の他阿眞教上人が遊行を行い、永仁7年（1299）柏市布施地域を遊行したのを契機に乾元元年（1302）善照寺が創建され、翌年に本福寺が開創された。もう一つは結城の吉祥寺で、すべて交通の要衝にある。

住職の墓地には、江戸時代初期の1610年ごろに広く造られたという一石五輪塔の残欠も含めて5基ある。すべてが住職のものかは不明だが、歴史の古さを感じさせる。

境内入口の近くには伝説の斬られ地蔵がある。明治神社の隣にあった廃寺の境内で盆踊りがあったときに見知らぬ大男が巧みに踊り出したので、怪しんだ若者が斬りつけたところ悲鳴を上げて姿を消したという。翌朝境内の地蔵に刀傷があったという。似たような話は幸谷の福昌寺にもある。

しばしば墓地の入口にある六地蔵の首がセメントなどでつけられているのを見る。首がくびれているとはいえ、そう簡単には首は落ちないであろう。子どもを守ってくれる地蔵への信仰は、庶民のあらゆる願望をかなえてくれるという信仰へと発展していった。そういう地蔵が石造物の中で、かくも多く傷んでいるのである。小金の本土寺の本堂も明治初期の廃仏毀釈で破壊されたあと、祖師堂を移築したものである。

明治の廃仏毀釈の前の天保14年（1843）から弘化2年（1845）にかけて、水戸藩主徳川斉昭ら国学者は[2]、「ゆくゆくは無仏国」を目指し、無住寺院などを廃寺し、薬師堂など村々の小祠堂や路傍の石仏・庚申塔などの廃棄や190の寺を処分した。小金には水戸御殿があり、西新田（現小金原二、三丁目）には鷹狩のための屋敷があった。その影響がなかったであろうか。

（田嶋昌治）

1『写真アルバム・松戸市の昭和』いき書房 2015年p224～
2『神々の明治維新』安丸良夫著 岩波書店

〈ガイド〉
JR北松戸駅徒歩10分

御冥坂と松葉坂

「二ツ井戸」

北松戸駅から6号線を横切り上本郷の台地を上っていくと左側に駐車場とその手前に理髪店がある。駐車場の擁壁に「上本郷の七不思議」の一つの「二ツ井戸」という石碑がある。もとは跳ねつるべの井戸が2つあってどちらか一方の井戸の水が澄んでいるともう一つの井戸の水が濁っていたということである。また、2つとも枯れることはなく、必ず一方の井戸には水があったともいう。伝説、民話は語り伝えられるうちに次第に変化していく。

御冥坂

この道の反対側（右側）に2棟のマンションがあり、その間の急坂を上ると間もなく階段となり、上り終わるとゆるい道になる。さらに道なりに左に進んでいくと、屋敷の奥に明治神社が見えるがさらに進むと本福寺につく。

先の駐車場の上の澤田家の屋号は坂の名前を取って「御冥」としたとおっしゃり、この道は二ツ井戸の辺りから急な坂だったけれど昭和30年頃に行われた区画整理によって広げられたり埋められたりして緩やかになったといわれる。『国語大辞典』（小学館）によれば「冥」の意味に仏語として「人知の及ばない霊の働き。人の目に見えないところで人間世界を見ている神仏」とある。時宗の僧は連歌などの文芸をよくすると同時に、金瘡（切り傷の治療）をよくすることもあって、南北朝の内乱以降の戦乱のときに陣僧として関与し、武士の葬送にも深く関与した。[1] そういう歴史もあって坂に命名されたのであろうか。

なお、本福寺の本尊の阿弥陀三尊像は長野の善光寺の三尊像と同じことから「善光寺式」[2]と言われ、松戸市指定文化財である。

上本郷の台地

待つ馬の坂

松葉坂（待つ馬坂）

先の御冥坂の階段を上りきったところを右に折れるとゆるい下り気味の道がある。そこを進むと「上本郷七不思議　揺るぎの松　待つ馬の坂　胎蔵院跡」と書かれた真新しい石碑が交差点にある。どなたがいつ建てられたかわからないが、この石碑の向かいに急階段があり、「寮の坂」で紹介した共同墓地で、卵塔場とおっしゃる方もいる。この墓地の左側に細い道があり、墓地が見える。そこに旧家と言われる小宮家の墓地がある。

ネット等では「松葉坂」とあるが、この石碑に触れながら「馬が待つ坂という意味ではないか」とおっしゃる方がいた。このマツバサカを下って行って国道6号に出ると左側に一方通行に向かう車列がある。この方向が旧水戸街道である。この場所に「馬方の春さん」と呼ばれている人がいたという。国道6号ができると当然「馬方」は廃業に追い込まれたであろう。そうすると「待つ馬坂」という意味は失われて「松葉坂」となったのであろうか。

（田嶋昌治）

1『自由狼藉・下剋上の世界—中世内乱期の群像』佐藤和彦著　小学館

2『松戸の歴史案内新版』松下邦夫著

〈ガイド〉
JR北松戸駅徒歩10分

寮の坂

北松戸駅東側の台地

上本郷の花台は城跡

上本郷の台地へ上る坂は先の井戸坂や御冥坂、松葉坂などがある。この台地の西南にある本覚寺からの眺望は抜群であり、境内を他地域と区切る形で数メートルの空堀状の低地がある。そして明治神社の西側に谷津が入り込んでいてその西側の台地も自然地形とは思えない。城主がいる城でなくとも物見台的役割を持っていたと考えられている。

共同墓地

私が1987年、上本郷一帯の史跡めぐりで仲間を案内していたとき、本福寺の当時の副住職が「松下邦夫先生が城郭だと仰っていました」と教えてくれた。その案内の時に参加者小川道幸さんをバックに中世の地下式坑と思われる写真を拙著の『地域の歴史発見』の178頁に掲載してある。

寮とは

東葛地域の農村地域では「寮」というと現在でも流山や野田など共同墓地の中にある建物で、墓参りに来る人々の世話をする人がいるところ、時にはムラの人々の会合などにも使うこともあった、学校の教室よりも小さな建物という感じの建物である。その管理者として行人、回国する人などに頼んで住んでいただいたのである。だから字面から感じる修行僧たちの住所、住まいとは違う。この寮から観音堂などに発展する場合もあるだろうし、寺院が建つこともあるだろう。寺院が共同墓地を自分のものであるかのような態度をとって、墓を持っている人を追い立てるようなことをすると問題が起こる。このような件で数年前に某自治体の寺院がテレビの話題になったこともあるし、また別の自治体のある寺院に行ったとき、墓参りに来た方で「今度婿に来たお坊さんから宗派が違うから出ていけ、と言われた」とこぼされたことがあった。○○寺墓地と入口に書かれている共同墓地もある。先祖を悩ますことがないようにありたい。

寮の坂

本福寺の門前から崖沿いに西に向かってやや下がる（空堀と考えられる窪み）とすぐ上るようになり、右の道を行くと本覚寺につく。左の道をどんどん下ると国道6号線の近くにつく。この道を「寮の坂」と言うようだが、そうかもしれないが、そうだとすると元禄12年（1699）本覚庵として成立した以降、無住の時などに（あるいは本福寺も）「寮」と言われるようになったのであろうか。

先の「寮」の意味から考えると本覚寺に入る手前の道を右に曲がっていくと階段が見えてその上が共同墓地である。あるいはここに寮があったのであろうか。

この30年余りの間に住宅も増え、地形も変わってしまった。本覚寺の裏から出た時の城郭跡との印象が少し減らされた感じがする。

（田嶋昌治）

〈ガイド〉
JR北松戸駅徒歩8分

トウカエデ通りの坂（さか）

長い街路樹の商店街

　JR北松戸駅東口から、駅のロータリーを進むとすぐ国道6線が横切っている。駅前の信号を渡ると真っすぐな坂道がある。これが「トウカエデ通りの坂」だ。

　坂の名前のように、道路の両側にはトウカエデの木が植えられている。道幅は広く二車線、両脇に歩道があり、道沿いにはマンションや商家、飲食店が軒を連ねている。坂の長さは、6号線から坂上にある明治神社の信号まで約410m。100m程はなだらかな登りだが、その後はかなりきつい坂道だ。登りきった先は惣台といわれる台地が広がっている。トウカエデ通り（市道）は、北松戸駅から松戸新田方面に続いていて、市の幹線道路の一つとなっている。

　昭和27年（1952）「松戸競輪場前」という、競輪開催日だけ列車が止まる臨時駅が開設され、その後、33年に常設駅「北松戸駅」が開業した。これに伴い、北松戸の土地区画整理事業が昭和29年から、35年にかけて行われた。その頃の航空写真には、駅前から上本郷に向かって伸びる一本の道が写っている。周囲に家屋は見当たらない。

　この坂道が舗装整備されたのは、昭和39年頃で、それまでは土埃の舞う泥道だった。

　この坂を「上本郷の坂」という人もいるそうだが、名前はなかったようだ。付近には古刹や歴史ある神社などがある。どんな短い坂道でも、その地に住んでいる人々の歴史や生活、言い伝えが残る名前があるのではないかと、古老や住職、住民の方に尋ねたが、誰一人知る人に出会うことができなかった。比較的新しい道だったからかもしれない。

　北松戸駅が開設され、道路ができると、昭和34年（1959）専修大学松戸高校が開校したり、坂道に沿って次々と商店、住宅もでき松戸市立病院も開院した。

　昭和46年（1971）松戸市と、オーストラリアのボックスヒル市（現ホワイトホース市）は姉妹都市の調印を結んだ。それを記念して、この坂道沿いにユーカリの木が植えられたが、気候風土が合わなかったのか倒れてしまい、その後トウカエデが植えられた。

トウカエデ通りの坂

　トウカエデは中国原産の常緑樹で、漢字は「唐（中国の）楓」。暑さ寒さ公害に強く、街路樹に適しているという。春には淡い黄色の花を咲かせ、夏は木陰、秋には美しく紅葉し、四季折々坂道を行き交う人の心を癒し、楽しませてくれる。

　坂の途中には、上本郷の七不思議の一つである「二ツ井戸の跡」の石碑が建っている。ここにはむかし跳ね釣瓶の二つの井戸があった。どちらか一方の水が澄んでいると、もう一方は濁っていたそうだ。この辺りでは、ほかに井戸を掘ってはいけないと伝えられていた。

　坂を上りきると、右側に毎年10月に市の無形文化財「三匹獅子舞」が奉納される明治神社、松戸市では最も古い風早神社などがあり、長い間住民の信仰を集めてきた神々が祀られている。

　この近辺は古代遺跡が多く、上本郷貝塚、上本郷弥生遺跡はよく知られていて、あちこちの土の上に白い貝殻が見られる。

　52年余り前、小山浅間台から上本郷に移転してきた松戸市立病院も、平成29年に千駄堀に再び移転した。病院の行き帰り、悲喜こもごもとした人々の足元を見詰めてきた「トウカエデ通りの坂」。今は人の往来も交通量も少なくなり、シャッターを下ろしている店もある。

　令和2年3月には、病院の跡地利用が決まるという。

（関本いずみ）

〈ガイド〉
JR北松戸駅東口より徒歩8分

江戸見坂

旧水戸街道の坂

松戸市馬橋の萬満寺前から北東に上る坂道を「江戸見坂」と呼んだ。文化3年（1806）幕府の道中奉行が編纂した『関宿通多功道見取絵図』[1]に載っている。「関宿通多功道」は日光東往還のルートである。水戸街道がこの絵図にあるのは、江戸からの旅人が南柏の新木戸を出発点とするのでなく、江戸日本橋を出発点とするからだ。

この貴重な絵図は、一般書の模写図[2]にも紹介されている。絵図を見ると、坂下の萬満寺は大伽藍の構えで、江戸見坂の左右は現在、馬橋の住宅街を形成している。

その江戸見坂、名前の由来は江戸を遠望したスポットといえよう。江戸へ向かう旅人は「あっちの方角が江戸か」と胸をおどらせた。江戸を出てきた旅人は「江戸とも、おさらばだ」と、感慨にふけった。旅人によって呼び始められたのが江戸見坂なのかも知れない。それに呼応して、地元で広く江戸見坂と呼んだと考えられる。

江戸から歩いてきて、ここが初めての急な坂道。それまでは下町の低地を抜け、江戸川を越えても松戸の町も低地で、ここから下総台地になり、上り坂となる。

江戸下町の低地には坂がない。あっても橋の所だけで、橋は帆を立てた高瀬舟を通すために、橋桁を高くしなければならなかった。

馬橋の江戸見坂は旧水戸街道の坂。現在は、坂の頂上で国道6号線に合流する。長さは約450m、ほぼ真っ直ぐ（「多功道」の絵図では曲線）で、昔より道路幅が広くなっている。

以前、歴史散歩の取材で訪ねた。「江戸見坂とは聞いたこともないが、この坂から富士山が見えました。今は高い建物で見えません」。

江戸見坂

江戸見坂古地図

それではと思い、萬満寺の住職に尋ねた。「この坂は旧水戸街道の坂で、今は江戸見坂とは言いませんね」と話された。これも時の流れといえるかも知れない。

なお、萬満寺は旧街道に面し、江戸にも聞こえた名刹である。仁王様などを両国の回向院まで運んで出開帳した。式亭三馬の「浮世風呂」にも登場する寺。寺前で人々は手を合わせた。

少し前の松戸地図には、坂の途中に「馬橋坂下」という新京成バス停があった。それで、この坂は馬橋坂と呼ばれるようになったと思われるが、今はバスも廃止され、「馬橋坂下」の停留所もない。

馬橋坂の名称も消滅した。

江戸期に名付けられた江戸見坂は、今その名を呼ぶ人はいない。車社会になって坂道を気に掛けることがなくなったからだろう。

「江戸見坂」とは歴史的な、粋な響きがある。実際に使われていたのだが、今後は幻の坂になってしまうのだろうか。

（青木更吉）

1 『関宿通多功道見取絵図』全4巻（各巻、絵図篇と解説篇、全8冊の大著）東京美術　1999年復刊。

2 『松戸の歴史案内新版』松下邦夫著　郷土史出版

〈ガイド〉

JR馬橋駅　萬満寺前　徒歩5分

天王坂と大坂

新松戸幸谷地区

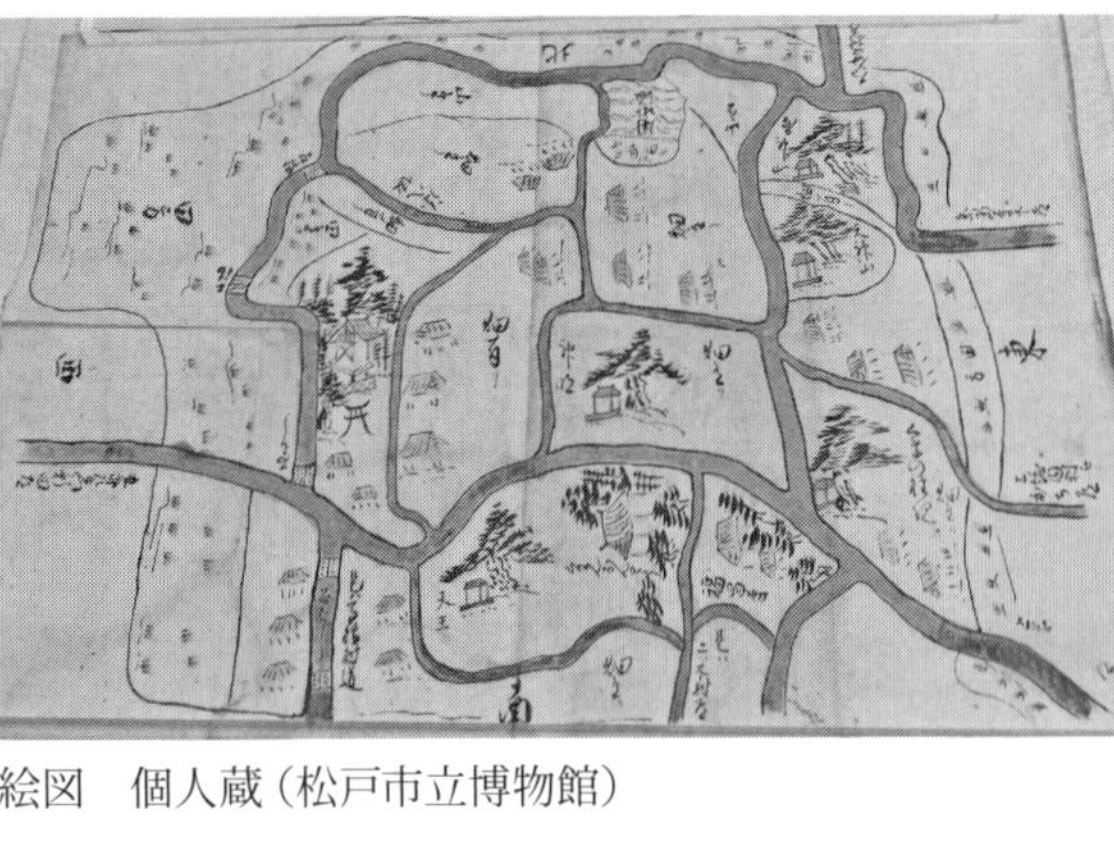
絵図　個人蔵（松戸市立博物館）

「旧水戸街道」ではない

小金付近に転居してきた方でしばしば「旧水戸街道」と勘違いする道が北小金のイオンの南側から真っ直ぐ馬橋方面に向かう道である。狭い歩道の道を下っていくとすぐ左側（東側）の丘は東漸寺の境内である。

二つ目の信号が見え始めると左に土砂採掘から守られた土手状の土盛りに太い椎の木が二本あり、その下に祠が見える。信号の左側に江戸時代末期から名主であった「関さんの森」がある。目の前の3・3・7道路は屋敷地内の蔵や門を壊し、屋敷林を貫通する予定だった。40年余り前の「育森会」から「育てる会」へと息長く住民の保存運動が松戸市当局を動かして守ることができた。なお、筆者は第3日曜日の10～15時を「ガイドツアー」として周りの梅林などを含めて案内している。

さらに進むとその左側の住宅の裏側には、畑や林の中に、ムラの共同墓地やムラの人々の信仰を集めて来た、午年に開扉（かいひ）される黒観音が安置されている幸谷観音堂と福昌寺がある。[1] 庶民の歴史が詰まっている地域である。

「天王坂」

武蔵野線を下に見るところから一気に下る坂がある。今は観音堂の前の無縁墓地に移転された石祠「天王祠」があり、地元の人々が「天王坂」と呼んでいた坂で、いまよりも細い道が右にカーブするように下って行ったという。

この石祠を造立したのは酒井亦一（さかいまたいち）で、幸谷の三人の旗本の一人の春日氏の所領の名主を務めていた人である。この建碑される前の明和年間には大火や干害などの災害が続き、そのこともあって百姓一揆などの騒動も各地にあり、同9年（1771）2月には目黒行人坂の大火があり、メイワクというゴロも縁起が悪いということで安永に改元された。

しかし、安永に改元した後も疫病の流行があったりしたので酒井亦一が、安永8年（1779）に天王祠を造立したという。天王坂を下っていくとやがて萬満寺のそばを通って馬橋駅へと向かう。今は平地であるが、十数年前までは左側の三ケ月（みこぜ）は下総台地であった。

大坂

幸谷のもう一つの坂「大坂」がある。それは新松戸駅ホームの北小金寄りに立つと台地に上っていく階段が見える、これが「大坂」である。この両側には広葉樹林が歩く人に覆いかぶさるようにあったが、昭和の終りに伐採されてしまった。

なお、旧家での聞き取りの中で「なぜそのように言うのかわからないけれど、新松戸駅一坪農園の畑の脇と武蔵野線の間を通って左側に上る坂を『ヨウキットン』と子どものころ言っていたけれど、どのような意味があるのでしょうね」ということを記録しておく意味があると思う。

（田嶋昌治）

1　文関武夫著『写真で見る　自然と歴史をたどる散歩道―新松戸・北小金周辺』
2　渡辺尚志著『殿様が三人いた村―葛飾郡幸谷村と関家の江戸時代』

〈ガイド〉
新松戸駅武蔵野線沿い5分

蛇坂と猫坂

殿平賀小学校脇

命名の由来は……？

松戸市の殿平賀（とのひらが）小学校に転校した児童の母親が「子どもの言うことには学校の東側の坂を『蛇坂』という、面白い名前ですが何故でしょう？」と妻から聞き、私も地域の人に聞いてみた。近所のお母さんは、「入学したときから子どもたちがそのように呼び、学校の西側の坂を『猫坂』と呼んでいますよ」といわれた。何時頃からそのように呼ぶようになったのか、また何故なのかも児童の父母も知らないようで、子どもたちがいつの間にか名付けたようだ。

蛇坂の頂上　手前は殿平賀小学校
奥の木立は小金城址の大勝院

「蛇坂」の東側の下総台地の斜面には樹木が残っていて、十数年前に、拙宅や隣の家の庭にヘビを見たことがあった。いま四十代になった息子たちは斜面の一部とその近くの木立を「タヌキ山」と言ってカブトムシなどを捕まえに行って遊んだ。この坂は坂下から坂上までは見通せない少しカーブして車がやっと通る急坂である。一方、西側の「猫坂」の坂下は以前から住宅が建ち緑がない。坂幅はやや広く車は行き交うことはでき、頂き近くまでやや急になっていて遠くから見ると猫が座っているときのいわゆる猫背のように見えるかもしれない。

坂にはさまれた台地の歴史

この二つの坂にはさまれた殿平賀小学校の小字は五郎兵衛屋敷台と言う台地で、縄文土器がころがっていて200m程の所にある小金北小学校の児童が学校帰りに遊びながら拾っていた。松戸市は1966年に一部分を発掘調査し、その結果、縄文時代後期前半期の貝塚で、底に穴が開いた甕（かめ）の中に幼児の骨が入っていた。当時、似たような発掘例があったので、縄文人はどのような意味を持たせたのが、考古学界で論争になった貝塚であった。(1)

ところが、70年代になって小金北小学校用地となり、土童が急増したため新設小学校用地となり、土砂採掘が加速された。そのため、小学校建設と遺跡保存と台地上の樹木の保存について松戸市はどのように考えているのか、という疑問が近隣の父母から出され、「小金の緑と文化財を守る会」が結成され、松戸市教育委員会と話し合った。その結果、史跡・文化財の標柱を建てること、わずかに残っている台地の発掘調査を行い、発掘された遺物の展示ケースを置くなどを表明して学校建設の了解を求めた。(2)

発掘調査の結果

発掘調査の結果は台地付け根に見られた大きな溝が中世の空堀跡と判明し、東斜面も三段に造成されていること、しかも破砕された貝殻などで被覆されていて、目の前にある小金城跡と関係あるものと考えられるようになった。

（田嶋昌治）

1 殿平賀遺跡・松戸市文化財調査小報10、1977年松戸市教育委員会
2『地域の歴史発見―歩き・聞き・調べる』2005年・田嶋昌治著・崙書房出版

〈ガイド〉
北小金駅北口徒歩　約10分

大坂(おおさか)と和尚坂(おしょうさか)

旧街道の雰囲気の坂

蘇羽鷹(そばたか)明神は蘇羽鷹神社に

「字大坂」の文字は「関宿通多功道絵図」の旧水戸街道の二ツ木村と並んで書かれてあり、そのすぐ下に蘇羽鷹明神と稲荷、庚申、そして疱瘡(ほうそう)神、第六天、また近くに大黒、太子堂が書かれている。蘇羽鷹明神は現在の蘇羽鷹神社である。これは明治維新の神仏分離令で明神や権現という仏教的な名称が改めさせられ、祭神も釈迦などを守護する神から神話の命(みこと)が付け加えられたりしたことによる。蘇羽鷹神社の位置は千葉氏が創建したと言われる萬満寺の鬼門の位置にあり、鹿島、佐原（香取）、成田地方に側高(そばたか)神社があり、千葉氏一族の守護神と言われている。(1)

馬橋周辺

この絵図に従えば新作村、中根村を過ぎて高札、水戸殿鷹場杭で馬橋村石橋を過ぎて板橋が見える。この二つの橋のうちいずれかが「馬橋」の地名の起源になった馬の鞍のような形をした橋であろう。そして中根寺を過ぎ、古刹で知られる萬満寺を過ぎると坂道になり、江戸見坂（83頁参照）、両側に一里塚を見て字大坂に至り、二ツ木村へ下っていくことになる。

蘇羽鷹神社の地には遺跡がある

蘇羽鷹神社のある台地は縄文時代の二ツ木式土器が出土したところで、本殿が40年ほど前に不審火で焼けてしまったときに、氏子さんたちは土地を削って戸建て住宅をつくり、その利益で再建を考えた。その情報を聞いた松戸の自然と文化財を守る会と小金の緑と文化財を守る会では氏子総代と会い遺跡保存をお願いした。松戸市社会教育課も保存のためにあまり例がないことだが、区画整理の公園と境内地を交換して保存することになり、遺跡保存と本殿再建が適った。(2)

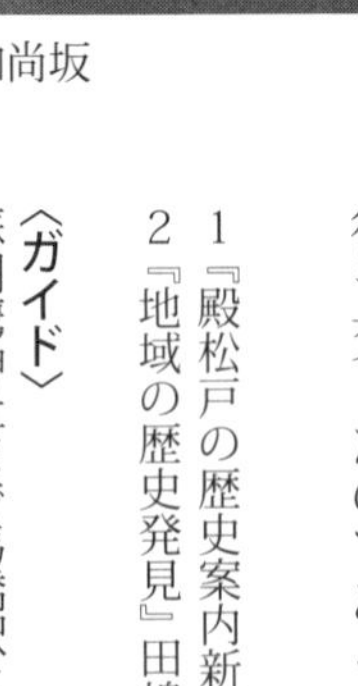

大坂

和尚坂

並木が無いけれど旧街道の気分に

現在の国道6号線は直進して旧小金宿の南側を過ぎるが、蘇羽鷹神社から見て左手から神社に向かってくる一方通行の道がみえる。これは10数年前であろうか、拡幅された旧水戸街道である。ゆったりとカーブしていかにも古い道という感じを受ける。下っていくと都市計画道路3・3・7道路と交差する。こんどは逆方向に直進する一方通行の道となるが、やはりゆったりとカーブしながら坂を上る。この区間はいわゆる古代につくられたと直線の古官道とは違い、旅人に疲れを感じさせないいかにも旧街道という雰囲気を感じて筆者は好きだ。上がりきると国道6号線と交差するが直進すると小金宿である。この上がりきる左手にあるのが浄土宗・二ツ木山常行院である。現在は本堂と参道は国道6号線の方を向いているが、江戸時代は旧水戸街道の方を向いていたという。このカーブしながら上がってゆく左を房山という。あるいは坊山なのであろうか、いくつかの庵、坊があったのであろうか。これが見取絵図には「字和尚坂」と書かれた坂である。多くの和尚さんが行き交ったのであろう。

（田嶋昌治）

1『殿松戸の歴史案内新版』
2『地域の歴史発見』田嶋昌治著

〈ガイド〉
蘇羽鷹神社まで馬橋駅より徒歩15分

横宿坂と西ノ下坂

小金宿と水戸街道

国道6号線と交差した旧水戸街道を直進して小金宿に入り、下宿、中宿、上宿といわれる町並みを進む。鎮守である牛頭天王社の所で右に折れると横宿（横町）で、しばらく行くとゆっくりとカーブしながら下っていく坂道を「横宿坂」という。

真直ぐ行く道は道標にある本土寺参道である。水戸街道は馬橋の萬満寺に向かって西に折れて進み、そしてもと来た道と同じ方向を目指す。そして今度は本土寺に向かって進み、西に折れて小金宿を通る。これは鎌倉時代後期に創建され、戦国時代には高城氏の勢力拠点に近いこともあって門前町の集落がつくられていたことに由来する。

虚無僧寺一月寺

下宿には関東に二つある虚無僧寺の触頭（他宗の本山に当たる）の一つの金龍山梅林院一月寺がある。ここには現在の兵庫県の出石藩五万八千石で藩主政美が急死した後、自分の子を藩主にしようと考えた仙石左京に命を狙われた藩士の神谷転（ウタタ）が同じく出石藩を脱藩して虚無僧として一月寺にいた友鵞の暴露によって助けられた、という仙石騒動は有名である。

一月寺のもとの場所は旧沼南町の神明社辺りから来る小金道の入口近くにあったが、天正18年（1590）の小金城落城の時に破壊されたのちに現在地に移転したという。しかし、明治初年の廃仏毀釈によって禁止され、現在は日蓮正宗である。

西ノ下坂より根木内城址を望む

災厄除けの牛頭天王社……

一月寺の前を進むと、16世紀前半に小金に移転してきた東漸寺がある。さらに進むとイオンが目に入るが、そこには牛頭天王社があった。牛頭天王とはもともと釈迦のいる祇園精舎の守護神といわれ、牛のように猛々しく災厄を除ける神、転じて人々を災厄から守る、農作物の害虫を払うなどとして広く信仰されていた。ところが、ここの牛頭天王社は多難な神であった。天正18年の小金城主高城氏の滅亡で神社は破壊され、一時旧沼南町の鷲野谷に隠され、社会が安定したとき元の場所に戻れたが、明治初年の廃仏毀釈のため社名を他の天王社同様八坂神社に改められ、牛頭天王と同じように荒々しく力強い神として素戔嗚尊を祭神とするようになり、ご神体（牛頭天王）は仏教的であるということで大谷口の大勝院に預けられた。そして昭和57年（1982）の花冷えの夜、氏子らに守られて白布で覆われて遷座することができたのである。(1)しかし、北小金駅前再開発のために線路沿いに300m西に移転させられた。

東雷神社と西ノ下坂

横宿の坂を進んでいくと常磐線沿いに東平賀村の東来明神がある。現在は東雷神社とよばれている。長くオトウ渡し（神社名を書いた半紙を折り畳んで竹に刺したオトウを次の当番に渡す儀礼）などのオビシャを行っていたが、最近は新年会になったという。この神社も不審火によって社殿が焼失したため新しい社殿になっている。

「西ノ下坂」とは、横宿坂が下り終ってから根木内城址大手口へ向かう、その下にあった坂を根木内城址の西側下の坂ということである。

（田嶋昌治）

1『写真アルバム・松戸市の昭和』いき書房出版

〈ガイド〉
JR北小金駅南口より徒歩約10分

北ノ下坂と行人坂

現在、右の二つの坂の名は特定できないので、『関宿通多功道見取絵図』によって推測する。小金宿の横宿（横町）を過ぎると街道は下り坂になり、根木内城跡の森が目に入ってくる。

「北ノ下坂」……根木内城跡

現在の根木内城跡の大手門下を通る旧水戸街道の坂はかなり削られたと言われている。城跡の南側は、通説的には城外というふうに理解されてきた。しかし、大手から南の小金原団地の方に行く東側を北の台、西側を宿畑というが、この20数年の発掘によって空堀などの遺構が発掘されてきて古老の意見が重視されつつある。すなわち、宿畑の三本目の道の洗車場との間を西に入ると小さな築山状のものが見え、その上に祠がある。新しい家が建つ前までは土塁状に東側と西に曲がっていて、その前は薄くレンズ状に窪んでいた。古老の言い伝えではここに空堀と土塁があってここまでが城跡だという。ここの南側の信号の手前を東漸寺山というそうだ。

反対に東側に下りていくと日蓮宗の了源寺があり、その北側に中段があって上は台地になっていて東漸寺跡と言われていた場所である。中段は鐘楼があったのであろうか。東漸寺は小金城主高城氏が本拠地を根木内から小金に移す前はここにあったという。そしてこの付近から東を見るとゴルフ練習場のネットが見える。ここは大勝院山と言われている。

行人坂

「行人坂」……柏市中新宿

大手口から東に行く坂道が北ノ下坂である。その底に川が流れていて昭和50年頃まで大雨になるとしばしばあふれて問題になった。そこから南柏方面に進む上り坂となるが、右側に2か所庚申塔や馬頭観音が安置されている。上り切ったところにバス停の庚申塚があり、そのすぐ先に浄土宗の行念寺がある。

行念寺を開いたのは小金の東漸寺と同じ経誉愚底上人で明応2年（1493）のことである。『絵図』に書かれている「供養」は上人の供養墓のことであろう。「行人」とは一般的には修行者と言うことが多いので行念寺が無住であった時に左記の祖徒とともに寺を維持するために住んだのであろう。

なお、行念寺の墓地にはお寺をイメージしてつくられたともいわれる一石五輪塔が「祖徒十四家」と言われるお寺を開いた旧家の本家二家に3基ある。

坂の途中の2か所にある石造物の中には享保9年（1724）や宝暦12年（1762）や昭和初期の馬力組合のものなどがある。

行人台城跡

小金では水戸街道の横町坂を下っていく右側の台地を行人台と言い、永正18年（1521）、小金周辺での里見氏との戦いで多数の死者がでてその死者を葬ったが、その死者の阿鼻叫喚の声が聞こえたので、東漸寺の僧が念仏を大声で唱えたらその声が止んだという伝説がある。大正3年（1914）にこの地を発掘したところおびただしい人馬の骨が出土したという。その後平成元年（1989）にも発掘が行われた。その結果、空堀や中世の人骨などが多数発掘された。

〈ガイド〉
JR北小金駅東口徒歩15分

（田嶋昌治）

小金城址への坂（さか）

城郭防備は坂の入口

虎口門・障子堀

中世城郭の位置・占地

平安時代末期から戦国時代についての城郭は、その地域の武将が防備と地域支配のための屋敷、館から始まった。それは必ず生活、耕作の必需品である水利の便を考えてつくる。

時代の姿、それは生活、武器の利用方法や威力などによって支配地も変わってくるし防備の施設も変わってくる。平安末期から鎌倉中期は平地の中でもやや高い土地などを占有する。

しかし、鎌倉中期から南北朝期をはさんで室町中期になると農耕などより社会構造の変化に対応して軍事・戦闘・防衛が重視され、支配地域を見渡せ、展望の効くところや山岳地帯に城郭を構えるようになる。

室町中期から戦国期は広い地域を支配（一円支配）する、いわゆる戦国大名、あるいはそれに仕える国人領主（国衆）が登場する中で城郭の位置や大きさ等も変わってくる。また、敵が侵入してきた場合にはどのような位置に堀や土塁（どるい）、門、口（くち）をつくり、逆に坂を上らせるかなどを考える。

小金城と高城氏

小金城の生い立ちははっきりしないが、高城を名乗る一族が松戸の栗ヶ沢など小金地域に1400年代前半に勢力を張っていたと考えられる。1500年代前半に大谷口（おおやぐち）に城を築き、天正18年（1590）の豊臣秀吉による後北条氏滅亡まで続いた国衆である。

最近の研究では高城氏に先行する領主として千葉氏の重臣原氏が千葉市南の小弓（おゆみ）城を回復した後に、その一族であった高城氏が小金城に入ったという説が有力である。

不自然な字天神山の突端の地形と地番

小金城址は、新松戸などの江戸川と坂川が形成した広大な低地を北側から見下ろす小金地域の台地、西の突端である。この突端に続くのは北小金駅から東の大字大谷口のみで、そこで一番狭いところに大手口があった。そして北小金駅の目の前の大字殿平賀の一つの突端である字天神山から狭い谷津をはさんで達磨（だるま）口と言われる守備拠点がある。この達磨口を目の前にする天神山の突端は半円形にすべて幅3～5m前後が高さ1・5m低くなっていた。(1)

小金城への入口の坂は「口」

先の字天神山を下ると細流があり橋があって、正面には土塁があり、攻め入ろうとする敵を迎え撃つことができる。この防備が堅いところは達磨口と言われた。また南側の新松戸方面からの坂は「大谷口」と言われ、北の台地を下ってくるところに高城氏の菩提寺の広徳寺があるが、ここは金杉口という。そして坂川がつくった砂州状の地域から小金城に向かう入口を横須賀口という。これらの「口」で調査されたのは中金杉口だけであるが、門や畝状の空堀（からぼり）などがある堅固な口、「坂」であることは言うまでもない。

（田嶋昌治）

1 文献　本書74頁の前掲書　『地域の歴史発見』を参照

〈ガイド〉
流鉄流山線小金城址駅より徒歩7分

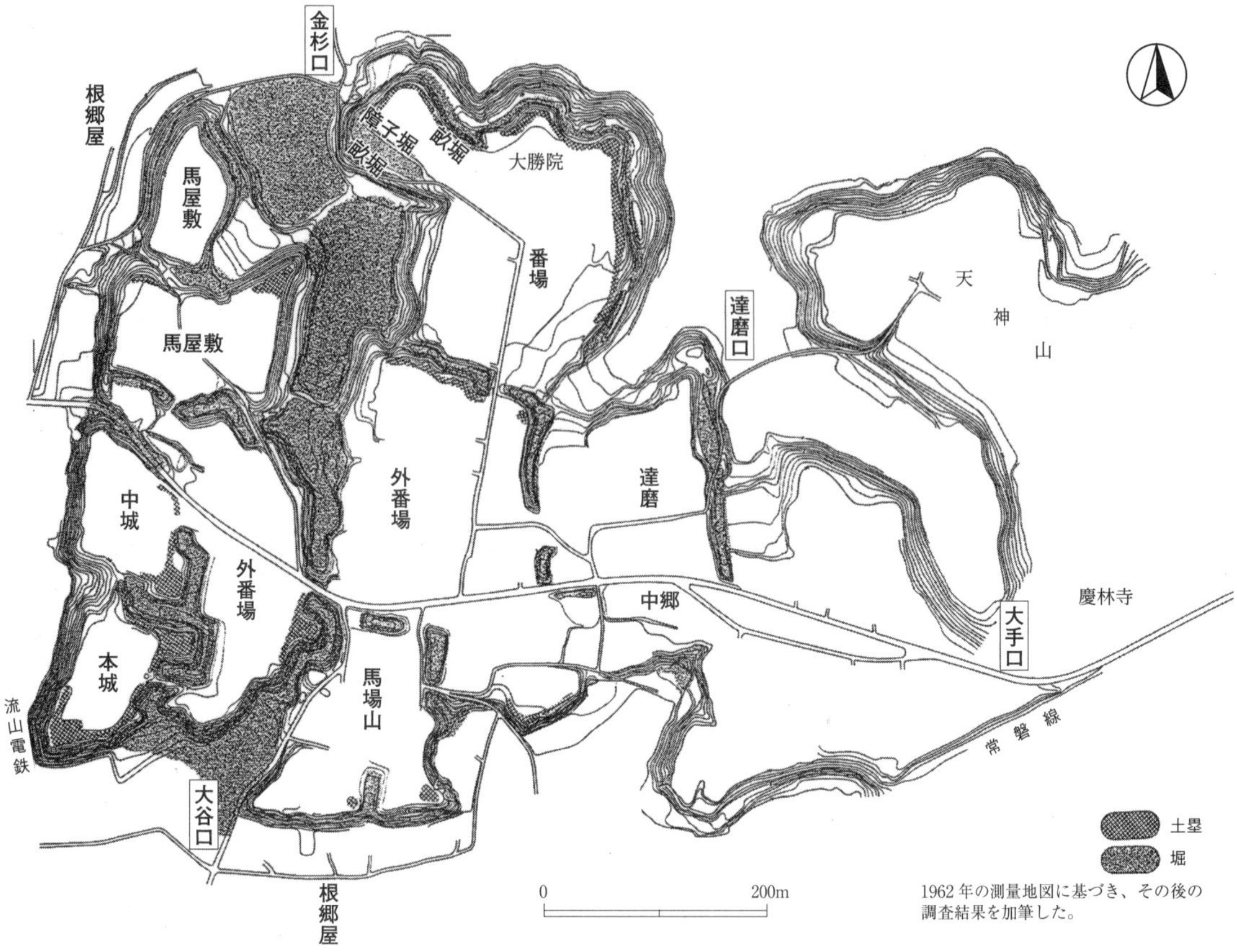

土塁
堀
0　200m
1962年の測量地図に基づき、その後の
調査結果を加筆した。

小金城跡全図（『千葉県の歴史』資料編中世 1）

畝掘

障子堀

第5章

我孫子市の坂道

古利根沼の坂
古戸の坂の十字路
鎌倉坂
頼朝坂
けやき通りの坂
茨城県
印西市
利根川
手賀川
下手賀沼
湖北駅
新木駅
布佐駅
JR成田線
古利根沼
我孫子市民体育館
湖北中学校
新木小学校
湖北小学校
湖北台小学校
湖北台中学校
平和台病院
我孫子東高等学校
浅間前新田
布佐下新田
我孫子
野田
流山
柏
松戸
鎌ケ谷
白井市
印西市
船橋市
市川市
東京都
埼玉県
茨城県
0
10km
N

兵衛門坂
丘の道の坂
与兵衛さんの坂
あんさくの坂
向原の坂
大根下しの坂
根戸の森の坂
船戸の森の坂
六角堂脇の坂
公園坂
天神坂
雁明坂
村川別荘脇の坂
子之神寄進坂
水神山古墳坂
日立坂
あやめ通りの坂
岡発戸の坂
我孫子駅
天王台駅
東我孫子
JR常磐線
JR成田線
JR上野東京ライン
国道6号線 水戸街道
富勢東小学校
久寺家中学校
我孫子二階堂高等学校
中央学院大学
根戸小学校
並木小学校
我孫子警察署
川村学園女子大学
白山小学校
我孫子第一小学校
我孫子中学校
我孫子郵便局
我孫子市役所
中央学院高等学校
岡発戸市民の森
手賀大橋
手賀沼
大利根橋
柏市
白井市
「国土地理院発行５万分の１地形図」

大根下し（でこおろし）の坂

久寺家城跡の歴史道

久寺家みち

水戸方面への国道6号線、我孫子市久寺家の信号を左折。商店街の坂を下って行く。下りきったところの小さな橋が金菱橋（きんりょうばし）。ここからが久寺家地区である。

この道は江戸時代からの相馬霊場札所を巡る久寺家みち（旧久寺家村の街道）である。国道の交差点の名称もそのためか、我孫子市我孫子であるのに「久寺家」とされている。今はない常磐線の踏切跡も、「久寺家の踏切」と言われた。

つくし野川を越え、橋を渡ると道は上りになり、中世久寺家城跡の真言宗明王山宝蔵寺に突き当たって左にカーブするその宝蔵寺を右手に見て、今度は戻るように大きく逆S字に曲がって下りる広い坂がある。

久寺家地区の舌状台地を北に下るこの坂が、「大根下しの坂」である。長さ300mほど。入口に中央学院大学の大きな案内板があるので迷うことはない。

大根下しは久寺家地区の小字名である。正しくはダイコンオロシであるが、地区の人たちは、ダイコンを「デコ」と呼んでいる。関東地方ではごく普通に用いられている方言である。

大根下しの坂。下ると中央学院大

宝蔵寺の歴史

宝蔵寺が創建される場所となる久寺家城は、戦国時代には北条方の高城胤則の出城だった。天正18年（1590）に小田原城が陥落し、北条氏政・氏直親子や高城氏らの敗北が伝わると、東葛地方の諸城は大混乱に陥る。

そうして、城は破却（命令で城を破壊）や、破城（自発的に城を破壊）となって、兵士たちは、「ニゲロ　ニゲロ」の様相。久寺家城もこのとき、多くの城とともに廃城になったと伝えられている。しかし、まがいと思われる戦記はあるが、真相を伝える史料は発見されていない。

宝蔵寺は小田原城陥落後、元和（げんな）3年（1617）、久寺家城跡に創建されている。境内の大師堂は新四国霊場84番札所。寺の南北東側の谷津に新興住宅が出来た昭和40年代以前は、久寺家地区の運動会なども行われていた宝蔵寺。地区の文化の拠点であった。立派な鐘楼は、最近除夜の鐘の時ぐらいしか突かなくなったが、そこからのつくし野方面を望むサンセット（夕焼け）は天下一品である。

坂を下る右側は宝蔵寺の石垣、左下は徒歩でないと気がつかないが久寺家城の空堀跡となっている。

大根下しを避けた路線バス

大根下しの坂は、昭和50年ごろまで狭く樹木に覆われた暗い道だったが、我孫子駅南口より一日3本のバス便があった。しかし、坂の道幅が今の半分程度7、8mほどしかなかったのでワンマンバスの運行が許可されず、当時でも珍しかった車掌が同乗していた。

今は右側の宝蔵寺境内敷地を削って拡張され、明るい道となった。拡張されはしたが、我孫子駅北口から新たにつくられた路線バスは、同じく新興住宅地のつくし野地区を通り、大根下しの坂を避けてしまった。

今では、中央学院大学の大型スクールバスが頻繁に行き来し、また、我孫子市の〈あびバス〉も日に10便ほど通っている。

（逆井萬吉）

〈ガイド〉
JR我孫子北口バス中央学院大学10分

向原（むけっぱら）の坂（さか）

鷲神社を下る坂

向原の由来

「向原の坂」は、我孫子市北側下総丘陵の舌状台地から、旧久寺家村の鎮守様の鷲神社に参拝しつつ北へゆるくカーブして下る坂である。

宝蔵寺の西側300m先、久寺家みちの消防小屋のところから、神社の鳥居を左に見つつ我孫子二階堂高校と、中央学院大学の間を

向原の坂。左が鷲神社

抜ける幅3m長さ200mほどの坂であり、車のすれ違いは出来ない。

坂を下りた左側は高校のグランド、右側が大学のサッカー場になっている。高校や大学の新設工事が始まる昭和30年後半ごろまでは、その辺りがむけっぱら（向ケ原）と言われていたので、向原の坂の名になった。

将門ゆかりの鷲神社

坂の途中左側の鷲神社は、平将門の家臣久寺家豊後守大炊左馬之助が建立したとのいわれをもつ。創建一千年以上の歴史があり、久寺家地区の人々の信仰の社となっている。ちなみに、東京神田明神の史料（絵図）には、将門七人の影武者が描かれ、その中に、家臣久寺家氏がいる。地区の名称、久寺家の由来の一つになっている。

鷲神社は平成6年、1億2千万円をかけ、神明造りで屋根は銅板葺きの社殿を造営した。参道や社務所も整備され、香取様・大杉様・雷神社・水神様・三夜様・山神社も旧村内から移管されて社殿周囲に祀られている。夏の祇園祭や秋のお酉様などで賑わう。菅原道真を祀った天満宮もあり、大晦日の夜は受験生の行列もできる。

境内の北突端からは昭和30年後半まで、むけっぱら（向ケ原）と言われていたところに、学校や久寺家近隣センターなどが建った。正月の箱根駅伝ですっかり常連となった中央学院大学の駅伝部員も、毎年必勝祈願に訪れているようだ。

志賀直哉も通ったか

高校と大学を過ぎたその先、久寺家近隣センターの前からは、布施弁天に向かう新四国相馬霊場詣りの「ふせ道」となる。最近はあまり見かけなくなったが、以前は白い装束を纏（まと）い、菅笠に金剛杖の霊場詣り集団がチリンチリンと鈴を鳴らしつつよく通っていた。

大正4年から同12年まで我孫子に住んだ志賀直哉は『雪の遠足』を書いている。雪が止んだ日、手賀沼湖畔の自宅（現我孫子市緑2丁目）から、布施弁天に散歩に出かける短編小説である。

文章を辿ってみると、志賀直哉と子犬は、たぶんこの坂を通ったと推測できる。「松林を出て細い路から一たん田圃道へ降り、さらにダラダラ坂を登って私たちはある部落へ入った」とあり、これはむけっぱら辺りの風景に違いないと思う。

平将門の戦勝祈願の成田山も、一時期うらやましいほどの賑わいを見せた布施弁天は、今は旅館もなく店も1軒と淋しい。

（逆井萬吉）

〈ガイド〉
布施弁天へは、我孫子駅・柏駅からバスの便あり

与兵衛さんの坂

久寺家みちから下る急坂

与兵衛さんの坂

明るくなった坂

国道6号の北側、つくし野6丁目から、久寺家みちの台地に上る坂が、「与兵衛さんの坂」である。住宅地のはずれ、かわいい象さんの消火栓がある所から上って行く坂で、長さ約50m。上りきった左側が与兵衛さんの家。それで与兵衛さんの坂の呼び名になった。

坂に対してほぼ垂直に近い角度のコンクリートの高いところに与兵衛さんの家。敷地の一部を坂の拡張に提供したとき、城壁のようになった。直下に紫陽花や南天など、四季折々の草花が植えてあって急な坂を通る人たちを和ませてくれる。10年くらい前、狭くて暗い坂であったが、今では道幅も広げられ、明るい外灯3基が点いた。道を拡張した跡が、舗装のコンクリートの色の違いからよくわかる。

高校生の声が聞こえる坂

与兵衛さんの坂は、JR我孫子駅北口から、我孫子二階堂高校に歩く最短のコースにある。朝に夕に大勢の高校生がにぎやかに通る。クラブ活動などで、下校が遅くなった女子高校生（平成14年から共学）が、暗い坂ですれ違う男性をおびえるようにすれ違ったものだが、今ではそんなこともなくなった。

男女共学になって、暗くなるまで練習に精を出した野球部員などが通る。ここの野球部員たちは、時折、近隣地域の道路のゴミ拾いをしてくれている。また、下校中には、さわやかに挨拶もする好感のもてる高校生である。

自分も公式戦の予定などは新聞でわかるので「がんばって」と声を掛ける。我孫子二階堂高校の野球部は、年々強くなっているので、早く甲子園に行ってもらいたいものだ。

与兵衛さんの坂は、かなり急なので自転車に乗ったままではまず上がれない。車も坂の頂上で車体の腹を擦りそうになるので、ほとんど通らない。

上りきったら車の多い久寺家みち。高校の校舎やグランドが見えて来る。

高校へと下る坂

久寺家みちから高校側に下りる坂は、昭和42年に高校が開校してからできた。二階堂の坂とか、五右衛門の坂と言う人もいる。

久寺家みちからの下り口で農業をしている日暮家は、むかし機織り業を営んでいた屋号が五右衛門さん。高校側に下りる坂道を造るため、家屋敷の一部を提供した。

高校のすぐ手前、坂に面したあすなろ公園の桜は見事である。昭和47年、三菱地所が今の久寺家1丁目地域の土地を売り出した時に公園もでき、その時植樹したソメイヨシノが、公園から大きく枝をはみ出して咲き誇る。

入学式の日、新入生と親たちが、立ち止まって記念写真を撮っている光景を毎年見かける。

（逆井萬吉）

〈ガイド〉
我孫子駅北口から約18分

丘の道の坂

思いで多い坂道

分校のあった坂

国道6号の我孫子駅入口を、駅とは反対の北側つくし野商店街の方へ進む。消防署前のスクランブル交差点からは、上り坂になって久寺家みち（旧久寺家村の街道）と交差する。

そこは「布施通り」というバス停があり、舌状台地の頂点になる。交差する道は久寺家みちであるが、同じバス路線に「久寺家道」という停留所があるので「布施通り」としたのだろう。

交差点からは、北への下り坂になって久寺家地区新住宅地に至る。この広い坂道が「丘の道の坂」である。坂の途中に我孫子市が設置した案内板も立っている。上り下りを合わせると500mぐらいあるだろう。

我孫子駅北口から布施弁天行き（行先表示はあけぼの山公園入口）の阪東バスが頻繁に通る。その先、昭和47年ごろ、久寺家新住宅街や柏の布施新町が開発されたとき、荷車が通れる程度の道を拡張し、バスも通れるようになった。

丘の道の坂

常磐線沿線、最後の分校

まだ、坂が狭かったころ、久寺家側に下る右側に教室が2つだけの学校、我孫子市立我孫子第一小学校の久寺家分校があった。近くに新しく根戸小学校が開校し廃校になった。

昭和51年（1979）3月24日の「朝日新聞」は、「さようなら分校さん」の見出しで閉校式の模様を写真入りで大きく紹介している。

常磐線沿線でただ一つ残されていた分校の久寺家分校が、19年の歴史に幕を閉じることとなり、23日に子どもたちのお別れ会があった。

「およげたいやきくん」のすがすがしい替え歌が、青桐の木のあるちっちゃな運動場にこだましていた。1年生43人、2年生39人と先生3人、そしてお母さんたちが一緒に写真に映っている。この歌を歌った人は、もう50歳を超えている。その一人が想い出を語ってくれた。

廊下にあった高沼先生・福岡先生・山口先生だけの職員室。本校から軽トラックで運ばれた給食の味噌汁がこぼれてなくなり、ご飯も冷たくなっていた。本校まで歩いた運動会。雨が降って来ても校舎に入らず校庭で着替えたーとか。

丘の道の坂の懐かしい歴史である。今日、分校の跡はわからない。坂のほぼ中程の広い駐車場のある家辺りだと思う。

丘の上の眺め

丘の道の坂は久寺家住宅街の外れで行き止まりになる。10年くらい前、墓地建設のことが表面化し、布施弁天の方まで広い道路が開通するとの噂があったが、開発はうまくいかなかったようで、立ち消えてしまった。

坂のてっぺん辺りからは、毎年8月上旬に盛大に行われる手賀沼の花火がよく眺められ、うちわを持った近所の人たちがあつまる。

反対側北の方角には、筑波山の連山がきれいに眺められる。とりわけ、北風ビュービューの晴れた日の筑波山は最高に絶景である。

（逆井萬吉）

〈ガイド〉
JR我孫子駅北口バス布施通り15分

あんさくの坂（さか）

行燈（あんどん）由来の道

我孫子市つくし野4丁目の市立根戸小学校の前の新しい道はつくし野通りという。あんさくの坂は、この通りの根戸小学校の東端と我孫子ヴィレッジ16号棟との間、細長いつくし野第五公園の脇からすぐである。

4mほどのつくし野川を渡って、我孫子市水道局のポンプ小屋の前を上って行く細い坂道が「あんさくの坂」である。

あんさくの坂

アンドンサクがあんさくに

坂の途中の飯田長兵衛家が、いつごろまでか行燈を作っていた。アンドンサクがあんさくに変わり、そのように呼ばれるようになったという。坂を上って行くと、右下につくし野の住宅街が見渡せる。

坂は最初4mほどであるが、だんだん狭くなり半分ほどになる。長さ300m程度の曲がりくねった左右に、椿の大木や竹やぶがある暗い坂道である。近所の人や勝手を知った犬の散歩をする人ぐらいしか通らない淋しい道だ。「ちかんに注意」という細長い張り紙も見かける。

それでも午後のひととき、虫などを捕まえ道草をしながら坂を上がって行くランドセル姿の小学生仲間や、真面目そうに急いで通る中学生を見かける。この淋しい坂道は、久寺家地区新興住宅の子どもたちにとって、学校には内緒の近道らしい。

上りきれば、車の多い明るい久寺家みちに突き当たる。子どもたちはさらにこの道を横切って畑に入り、路線バスが通る住宅地に下る者もいた。しかし、最近は児童生徒の数も少なくなって、もうほとんど見かけなくなったという。

あんさくの坂という呼称は、旧久寺家村地区でも正確に知っている人は少ないという。案内を表示した看板もない。このことは、我孫子市のどの地域でもほぼ同様である。

つくし野の名

あんさくの坂に入る前のつくし野川は、コンクリートに囲まれている。つくし野の住宅地ができる昭和50年ごろまでは、「久寺家堀」の名称。旧久寺家村と我孫子宿の境界の谷津田を流れていた。今は、境界線が変わり、谷津田のほとんどがつくし野の地区となった。

つくし野の地名は、開発業者の東急不動産が昭和43年に、神奈川県でも同名の住宅地を開発したことに因んでいる。もともと、つくし野という地名は我孫子にはなかった。市議会の記録では、市長の提案は「けやき野」。でも、なぜか「つくし野」となった。

久寺家堀の谷津田を整備して開発された住宅地だが、市立の小学校や中学校が開校することがわかると、ちょっとした悶着があった。以前からあった根戸や久寺家地区が、つくし野の文字のついた学校名には、首を縦に振らなかったとか。

結局、新しい学校は「根戸小学校」、「久寺家中学校」となった。昭和51年4月に開校し、あんさくの坂からはすぐ近くにある。

（逆井萬吉）

〈ガイド〉
JR我孫子駅北口よりバス「消防署前」下車、徒歩10分。

兵衛門坂（ひょうえもんさか）

「ひょいむ」と呼ぶ坂

布施と根戸、合併混乱

我孫子市の巡回バス「あびバス」布施ルートは、ＪＲ我孫子駅北口が始発である。駅からつくし野・久寺家を経て、柏市の布施新町・富勢東小学校近くを通り、我孫子市布施下が終点。

終点２つ前に「兵衛門坂」という停留所がある。その辺りが目的地だ。50ｍほどの坂になっている。停留所の標識にもちゃんとひらがなで「ひょいむ」とも表示している。当然、地元の人もそのように呼んでいるのだろう。

駅から行くバスから降りたところは柏市布施。その向い側、我孫子駅へのバス停は、我孫子市布施である。兵衛門さんの飯田家は我孫子にあるが、駅から来たバスを降りてすぐのバス停は柏である。ちょっとわかりにくい。道幅もそんなに広くなく５ｍぐらい。両側に篠竹が生え、槇の垣根の農家も見える道である。

我孫子市布施と柏市布施の境界が錯綜しているが、これは、昭和29年の町村合併の際、旧布施村の根戸・布施地区は、柏につく側と我孫子に入る側に分れ、一時大混乱になった。

その結果、根戸と布施は、柏にも我孫子にも同じ地名が残り、複雑な境界線になっている。本家と分家が、柏と我孫子に別れたり、夕方に仲良くいっしょに遊んでいた子どもたちが、翌朝には別々の学校に通うということもあるようだ。バス停近くは、曲がりくねったT字路になっている。バスを降りてから左に下りれば土手に突き当たる。土手の上を、布施弁天に遠足に行く近くの幼稚園児の列や、ウオーキング中の人たちをよく見かける。

土手の向こうは利根川に続く広大な北新田地帯。利根川の本流は、北新田のもう一つの土手の向こう側になる。

ひょいむ坂、バス停を降りて直進方向も大きくカーブしている。道幅も狭くはなるが、畑の中を右に左に何回も曲り、我孫子二階堂高校脇を通って我孫子駅方面に行く道につながっている。我孫子駅から布施弁天に歩く最短のコースになっている。ひょいむ坂バス停を後方に行けば、布施弁天はすぐ近く、５、６００ｍほどの距離である。

布施と富勢

ひょいむ坂付近は昔からの農家が多い。裏手は北新田で、稲作やネギ・野菜を栽培している。とりわけ、ネギは「富勢ネギ」のブランド名で人気がある。

「富勢」という名称にも謂われがある。明治22年の布施村誕生の合併に、最も大きな村である布施が、議員数の力で村名も布施としようとしたが、根戸・宿連寺・松ケ崎地区の人たちが反対。布施村は郡長の提案を受け、漢字で「富勢」とすることに。しかし、容認した根戸や宿連寺・松ケ崎地区の人は、「ふせ」でなく、「とみせ」と呼称したという。

大正期に我孫子に住んだ志賀直哉の小説『雪の遠足』でも、富勢に「ふせ」とルビがある。現在は、小学校や中学校、農協などに富勢の漢字が付けられ、正式な名称も「とみせ」となっている。

（逆井萬吉）

〈ガイド〉
ＪＲ我孫子駅北口よりバス「ひょういむ坂」下車すぐ。

兵衛門坂

船戸の森の坂

白樺派を育んだ森

我孫子市船戸1丁目、船戸の森公園内を、手賀沼畔の根戸新田に下る150mほどの坂道が船戸の森の坂である。我孫子市の特別緑地保全地区の手賀沼に続く斜面林の木立の中にある。昼でも暗い坂道だけれど、夏はとても涼しい。管理がよく行き届いていて歩きやすいが、勝手知った近隣の人だろうか、狭い道なのに車はたまに通っている。

船戸の森の坂

木立の中は、杉・けやき・樫・孟宗竹などが繁り、ちょっぴり匂う半日性薬草のドクダミも群生している。公園内には、奈良・平安時代の建物が発見された船戸西遺跡があり、市の管理下に置かれている。

地形からわかるように、南斜面で眼下は手賀沼。農耕に魚介類や鳥獣の捕獲に、また家畜の飼料用などで、生活していくには最高の適地だったろうから、私たちの先祖は古代から住んでいたに違いない。

武者小路実篤旧宅

坂の上には、白樺派の武者小路実篤が大正期に住んでいた住居がある。手賀沼を見下ろし、風景明媚な日本造りの家であるが、現在は武者小路家とは無関係の人の管理下にあり、イベントの時以外は見学できない。

武者小路は、大正2年（1913）28歳で竹尾房子と結婚し東京麹町などで暮らしていた。しかし、体調がよくなかったようだ。肺結核になったと思い込み、大正5年の暮れ、すでに手賀沼畔に住んでいて親交のあった志賀直哉のすすめで、現在の地（当時は千葉県東葛飾郡富勢村根戸字船戸1090番地）に移住し家を建てた。

結局、誤診だったようだが体調は急にはすぐれず、回春堂医院などに往診を受けている。健康の不安に加え、経済的にもひっ迫していたらしく、兄からの援助に頼りながら、ここで「我孫子だより」などを書いている。

新しき村の発会式の森

我孫子に住んで2年後の大正7年9月、武者小路実篤は『新しき村』を発刊して構想を練り、発会式をこの地で行う。やがて、その建設のため九州宮崎県木城村に発ち、荒地で農作業をしながら文筆活動を開始している。

坂の上り口には、〈旧武者小路実篤邸まで250m〉の立派な案内板が立っている。そこらあたりはハケ（捌け）の道。手賀沼畔を周遊できる道であるが、むかしは生活の道であった。今日では、手賀沼が増水してハケの道まで迫ることはまずない。大正期はハケの道に小舟をつけることができた。武者小路実篤が、志賀直哉や柳宗悦、バーナード・リーチら白樺派の人たちと舟を利用して交流し、食事をしたり泊まったりしたことが、自伝風の作品『ある男』などからよくわかる。

JR我孫子駅南口の階段を下りると、武者小路邸の庭に集まった白樺派一同の写真がある。

時代を遡り、船戸の森の坂を白樺派の面々が歩いている光景を想像するのは楽しい。

（逆井萬吉）

〈ガイド〉
JR我孫子駅南口よりバス、八坂神社下車徒歩約10分

根戸の森の坂

幕末、お台場構築材の森

広い緑地保存の森

根戸の森は、我孫子市つくし野の市立根戸小学校から南西方面に広がる森である。中央学院大学の野球場から、柏市の東実健保体育センター近くまで続く。そのうち、根戸小学校から根戸近隣センター方面に通じる森の中の細く暗い坂を「根戸の森の坂」と呼んでいる。幅は約2m、長さ300mぐらい。

根戸の森の坂

根戸の森そのものは、国道6号から北の方向に眺められるが、入り口が分りにくい。国道6号を東京方面から我孫子市駅入口交差点を左折、そしてすぐの信号を左に曲がって進むと坂の上り口に着く。

坂がある一帯は、保存緑地指定区域内で、杉や樫、松などの樹木が茂り、昼でも非常に暗く淋しい。森の北側につくし野の住宅地ができ、根戸小学校や久寺家中学校が開校した昭和50年代は、今日よりさらに暗く狭い坂道であった。しかし、近隣地区の住民や久寺家中学校の生徒たちも道路の整備に参加し、外灯も増えて明るくなった。大体において、学校の通学路となっている。

根戸近隣センター方面から暗い道を根戸小学校に向かう反対側からのコースは、学校の白い校舎が見えて来ると暗い坂は終わりになり、ホッとする。坂は、犬の散歩をする大人もたまに通るし、暗い道に接して木造のベンチが数基設置してあるミニ公園もある。そんな暗い所も、子どもたちの遊び場である。

森の中では、南側の谷津田跡の住宅地に下りる暗い狭い道が分岐している。下りきると、日当りのいい明るい道となる。地下水が涌いている所もあり、メダカやホタルを飼っている小さな池や、昔懐かしい手押しポンプも見られる。

ドングリなどを拾っている、かわいい園児の集団にも出会うこともある。

幕末の御用林

根戸地区一帯は、日本開国のキッカケに深くかかわった土地でもある。つまり、江戸幕府に長い鎖国政策をひるがえさせる要因となった黒船のペリー来航に、慌てた幕府がお台場構築で対応した。その木材を伐り出した場所が、御用林だったこの辺りの根戸地区である。

嘉永6年（1853）、幕府は品川沖お台場構築にあたり、天領だった根戸地区から多量の松（丸太・薪（まき）・粗朶（そだ））や杉を伐り出し、布施や加村の河岸から浦安を経て江戸に搬送した。史料によると、近隣の久寺家・我孫子・戸張・増尾・大井の男たちが大勢、伐り出しや搬送に動員されている。

根戸のうっそうと茂った暗い坂道は、当時の様子を残しているように伺える。この辺りが、幕末お台場を構築するための、御用林だったと知っている人は少ないと思う。

（逆井萬吉）

〈ガイド〉
ＪＲ我孫子駅北口よりバス我孫子ヴィレッジ前下車
徒歩約10分

六角堂脇の坂

都内から移築の堂

国道356号線沿いにある我孫子の古刹、興陽寺[1]の山門前の道を南に進むと間もなく、飯田医院前から手賀沼沿いの旧道へ下る長い緩い坂がある。この坂は近年「六角堂脇の坂」と呼んでいる。数年前、市民団体の「我孫子の景観を守る会」が市内の坂道八景を選定し、その一つとして「六角堂脇の坂」とされた。由来は坂の途中にある寺田家の庭内に、趣ある六角堂が建てられていることからだ。この六角堂はかって都内の高級料亭にあった建物で、昭和39年の東京オリンピックのとき、道路拡張に当り、ここに移築されたという。地元の古老によると、坂の下にある旧家の津川家がこの坂の両側に敷地と農地を所有していたことからその屋号「治右衛門」にちなんで「ジエムさんの脇の坂」と呼んでいたという。

六角堂脇の坂

昭和2年の地図には、この道沿いにほとんど人家はない。興陽寺、嘉納後楽農園[2]、竹澤住宅があり、沼辺の旧道沿いには一並びに数軒の農家があった。興味深いのは街道からこの旧道に入る角に「アビコ・カフェー」と書かれている。街道に沿ってこの辺りには「うえきや」「香取屋」等、八十八ケ所宿があり、興陽寺には相馬霊場五十九番札所がある。

坂道の右手一帯の台地は明治末期に嘉納治五郎が購入した2万坪の土地が大正期に嘉納後楽農園となり、昭和13年、嘉納没後にその土地は住宅地となった。

この坂の左手の台地は昭和42年まで柏木と呼ばれ、手賀沼を眼下に望める景勝の地であった。現在は坂の左手と同じく白山という町名になっている。柏木時代、嘉納の娘婿で社会学者の綿貫哲雄、撮影所[3]をこの台地に設立した岡田嘉子が住み、近年まで個性ある女優鈴木光枝と娘の佐々木愛もいた。建物は建てなかったが、言語学者の上田万年[4]が購入した別荘地を相続したのが上田の次女で文化勲章受章者の作家、円地文子[5]である。円地は小学校六年生のとき、家族と初めて晩春の手賀沼を訪れ、その美しい景色に感動して、その情景を作品の中に記している。しかし、父が亡くなり更地のままの土地を地元の農家に耕作地として貸していたが、戦後直下の農地解放令により失う。土地への愛着が薄かったと回想したのが私小説『土地の行方』である。

坂を下る辺りに一本の大桜がある。その元に近年まで寺山修司[6]の元妻で女優の九条映子[7]の実家があった。寺山は随筆「映子をみつめる」の中で映子には美しい沼のある故郷があると手賀沼を称賛している。実母と不仲であったと伝えられる寺山が我孫子には好印象をもち、しばしば映子の実家を訪ねていた。

(越岡禮子)

1 興陽寺　曽洞宗　本尊薬師如来、天正8年開山　相馬霊場五十九番札所。
2 嘉納後楽農園　当初学園構想を持って2万坪を明治44年購入。後に農園にした。野菜にラベルを初めて貼る。
3 大衆キネマ撮影所　昭和5年から約2年間、岡田嘉子が開設。トーキー映画を製作。
4 上田万年（1867～1937）東大文学部長を務め、教え子に新村出や金田一京助らがいる。
5 円地文子（1905～1986）文化勲章受章作家「女坂」「なまみこ物語」等
6 寺山修司（1935～1983）歌人、劇作家、「天井桟敷」を主宰
7 九条映子（1935～2014）女優、演劇プロデューサー

〈ガイド〉
我孫子市白山1丁目7周辺
我孫子駅南口徒歩15分

公園坂（こうえんさか）

手賀沼に下りる坂道

県立手賀沼公園[1]や学習センター「アビスタ」につながる「公園坂」は手賀沼に向かう市内で最も親しまれている坂道である。

我孫子駅南口から直進し、国道356号線を渡ると右手に我孫子の鎮守、八坂神社[2]がある。歩けば10分ほどの公園坂はなだらかな下り坂になり、手賀沼ふれあいラインやハケの道と呼ばれる旧道に通じる。この坂の右手一帯は柏木谷津と呼ばれる窪地があり、かつて手賀沼が深く入り込んでいた。現在、この地は白山北公園と住宅街になっている。

公園坂

駅が近く、バスも通っている公園坂通りには老舗の鰻屋[3]が現在も続いている。

坂の途中右手に六角堂脇の坂に通じる横道があり、柏木の台地にもつながる坂道でもある。

柏木台地と公園坂通りまでの東西傾斜地に集合住宅がある。各戸から手賀沼が一望できる。

大正から戦後まで、この場所には、宮尾瞬治（大蔵官僚、関東大震災復興局副総裁）らの別荘「葭霞荘」があった。この辺りが坂を下りきったところでふれあいラインにつながる。交差点の近くには、教育者で元参議院副議長を務めた加瀬完や作家の中勘助[4]が仮寓していた高島家が今もある。

公園坂の左手は緑地区で右手と同じく商店が少なく戸建ての家並みが続く。現在のドラッグストアのところは昭和末期まで数本の梅と配水場であった。この場所は河村蜻山宅から眺望よく、皇紀2600年紀元節の日に訪れた俳人・水原秋桜子[5]は眼下の手賀沼とこの梅林を詠んでいる。

古鏡見る　窓前梅の　盛りなり

この公園坂を下り切ったところの正面に手賀沼公園がある。坂名もこの公園に由来する。

昭和39年に手賀大橋が架橋されるまで、公園内にゴエマの渡しと呼ばれる渡船場があった。戦後は中秋丸と呼ばれる就航船があり、旧沼南町のコメや農産物を運ぶ大切な渡船場で、我孫子駅を利用する通勤・通学と、東京に向かう行商のおばさんらが乗船した。

今から40年ほど前に、地元の古老、故小熊豊吉氏からこの公園坂を「陸揚（りくあ）げの坂」と呼んでいたことを教えていただいた。渡船場が対岸からの農産物などを陸揚げする物流の拠点であったことが窺がわれる。

また、今は閉店されているが、米穀商の大阪屋の主人は、「沼南の農家と互恵関係をもち、新米を渡船に乗せて納めていただき、互いに潤った」という。

（越岡禮子）

1 手賀沼公園　東葛地域を代表する公園。バーナード・リーチの碑があり、観光船の発着場。
2 八坂神社　我孫子の鎮守、現在は7月末の日曜日に例祭を行う。
3 手賀沼の鰻　江戸近在で一番取れた時期があった。
4 中勘助　（1885～1965）漱石門下、我孫子に3年住み『沼のほとり』、『提婆達多』を執筆。
5 水原秋桜子　（1893～1981）昭和俳壇の第一人者、「馬酔木」主宰。

〈ガイド〉
我孫子市白山1丁目、緑1丁目の境
JR我孫子駅南口より徒歩5分

天神坂（てんじんさが）

文士村の坂道

明治政府の政策で明治39年（１９０６）に「一村一社令」が施行されるまで、この坂の上に天神社が祀られていた。三本の椎の神木は今も柳宗悦(1)、河村蜻山(2)、深田久弥(3)らが住んだ三樹荘内に鬱蒼と茂っている。国道３５６号線から大光寺脇の道を経て、この坂道を訪ねることはできるが、やはり沼辺の旧道から見上げる天神坂が「文士村」に相応しい趣がある。三樹荘の名前の由来はこの３本の椎の樹で、命名は柳の叔父で隣接して別荘を構えていた柔道家の嘉納治五郎である。坂の名前はここにかつて天神社が祀られていたことによる。

天神坂

平成5年に整備される以前は丸太で階段状に土留しただけの坂であったが、現在は平らな自然石と丸石を巧みに用いた美しい坂である。石段の傍らに立つブロンズの可愛らしい小鳥は、平成13年に第5回我孫子市景観賞を受賞した証しである。坂の左右は大樹や竹林があり、夕方になると仄（ほの）かな灯りが足元を照らす。

この坂の下にある旧道は昔の沼辺の道で、その道沿いに志賀直哉、武者小路実篤、瀧井孝作、中勘助らが住んでいた。その当時、文士たちもこの坂道を足繁く上り下りしたであろう。

当時の静寂な手賀沼辺りは、坂の上の三樹荘から柳の妻・兼子が歌う歌曲が対岸の大井まで聞こえたという。また柳は夕陽で空が紅色に染まる頃、沼越しに見る富士山の美しさに感動してここは地上の美しい場所と記している。

坂の三樹荘寄りは擁壁（ようへき）になっていて、そこには先代当主の村山正八氏が揮毫（きごう）した2枚の黒御影石のプレートがはめ込まれている。それには村山氏が詠んだ短歌と坂の由来が記されている。

由来記の中に「……轆轤（ろくろ）が軋（きし）む音が聞こえてくるような……」と記されているのはこの三樹荘内で世界的に知られる陶芸家・バーナード・リーチ＊が大正5年から約3年間作陶し、また昭和13年から29年まで京焼の名工・河村蜻山が多くの作品を生んだ。

嘉納治五郎は柔道家として知られているが、熊本第五高等学校や東京高等師範学校の校長を務めた教育者でもある。ＩＬＯ委員の嘉納は昭和15年、幻となった東京オリンピックの誘致活動をし、当時、手賀沼にボート競技会場を構想していたという。

今は臨湖閣と呼ばれた建物はないが、嘉納が愛した別荘跡地に、２０２０東京オリンピック前に「我孫子の文化を守る会」が中心となり、嘉納の銅像が建立される。銅像は文化勲章を受賞した彫刻家、朝倉文夫が制作した作品である。講道館や占春園、筑波大、灘高校などにある銅像と同じ姿で、嘉納が親しんだ手賀沼を眼下に望む台地に建つ。

（越岡禮子）

1 柳宗悦（１８８９～１９６１）日本民芸運動の父。大正3年から大正10年まで三樹荘に住む。志賀直哉を我孫子に呼ぶ。妻兼子は声楽家。
2 河村蜻山（１８９０～１９６７）昭和13年から昭和29年まで三樹荘に住む。地元民と深い交流。
3 深田久弥（１９０３～２０１９）作家、登山家。童話作家の妻北島八穂と昭和4年三樹荘に住む。

〈ガイド〉
我孫子市緑1丁目9　周辺
ＪＲ我孫子駅南口より徒歩15分

雁明坂

風情のある坂名

我孫子の名刹、子之神大黒天や瀧井孝作の旧居を訪ねるとき、旧我孫子宿問屋跡の脇にある古道を用いる。その古道の入り口には寛政元年の年号が刻まれた道標、「従是子神道」(1)碑がある。それは布川の古田月船と親しかった小林一茶や我孫子宿の茶店「橘屋」で法外な酒代を請求されたとき、不満をいわず洒脱な狂歌一首を残して去ったと伝わる太田蜀山人(2)も見たかもしれない碑だ。

その古道を行くと間もなく杉村楚人冠脇のゆるやかな坂を下る。戦後しばらくまで水田が広がっていたという明田の谷津から急なS字形の坂へとつながる。この急な坂が「雁明坂」だ。

現在、坂の右手は擁壁が築かれているが、平成の初め頃まで左右ともに緑深い切通し状の坂だった。10歩を歩いては息が切れ、自転車を押して上るときはさらにきつい急坂だ。上りきった右手は現在、集合住宅になっている。

昭和32年までこの地は、杉村楚人冠が地元民のために興した「湖畔吟社」を託した高浜虚子の愛弟子・深川正一郎の屋敷であった。広い敷地に梅が幾本もあり、門構えも趣がある俳人の住居に相応しい佇まいがあった。今、旧深川邸の周囲は畑が潰され、住宅地となっている。

坂の左手は台地の端となっていて、近年まで雑木林が残っていたが、すべて伐採されてしまった。対峙する楚人冠邸側から望むこの場所は、画一的な屋根ばかりで、昔から親しんでいた安らぎの景色は失われてしまった。

雁明坂

この林のあった所を地元の古老たちは馬捨て場と呼んでいた。

樹木の伐採後は坂の上から遠く谷津を越えて眺望が広がり、駅前の「けやきプラザ」やスーパーの高い建物が目に付く。緑に包まれた楚人冠記念館や戸建ての家並みが広がる。楚人冠公園、三樹荘あたりの景色も美しい。

昭和30年代の雁明坂周辺の写真を見ると、雁明坂の下にある明田の谷津田の中に一筋の小川があり、楚人冠邸脇のなだらかな坂を下るあたりから道の両側の斜面に菜の花が一面に咲いている。水田に沿っての畦道は我孫子第四小学校が設立されるまで、白山地区の学童が我孫子第一小学校へ通う近道であった。

小川は現在、暗渠と化している。古くからの住民の昔話にこの小川の近くを通るとき、いつも鼻をつまんだという。昭和60年まで操業していた製糸工場の繭をゆでたあとの汚水で臭気が漂った。小川を辿り、手賀沼に流れこんだという。

明田、雁明という風情のある小字名で呼ばれていたこの辺りは今、坂道を挟んで東側は寿一丁目、西側が緑二丁目という地名になっている。

(越岡禮子)

1 殿従是子神道　子之神大黒天は足腰の病に霊験ありと参拝者多く、10月最終日曜日に「火渡式」が催される。景観よく大町桂月の『東京遊行記』や久保田空穂『鏡葉』にも紹介されている。

2 太田蜀山人　(1749〜1823)、南畝ともいう。江戸後期の代表的文人。狂歌《我孫子根戸とくるまい橘屋　縞の財布を鰤にとられた》「根戸とくるまい」とは二度と来るまいとの掛詞である。我孫子宿の茶店に法外の金を請求されて一首、残して去った。

〈ガイド〉
我孫子市緑2・8付近
JR我孫子駅南口徒歩10分

水神山古墳坂（すいじんやまこふんさが）

古墳につづく隠れ坂

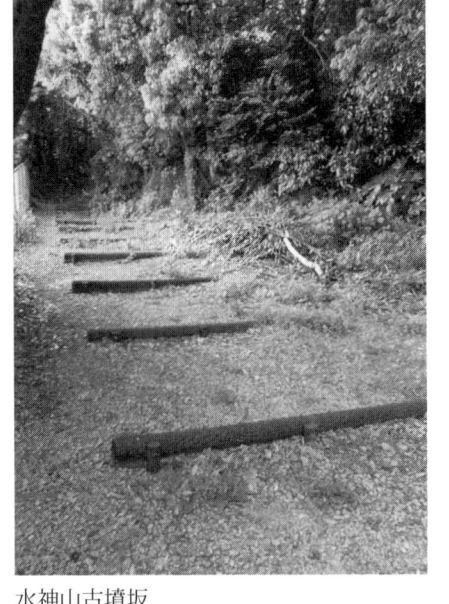

「我孫子市立鳥の博物館」から手賀沼ふれあいラインを200mほど東へ行くと、2坪ほどの涌水池がある。この池を起点に農家の裏手にある坂、「水神山古墳坂」を上る。

坂道の左手20m程は坂道と農家との境に青いフェンスが続く。右手には木々が繁り、道はやや曲がって次第に狭く急な坂道になる。近年まで、水神山古墳に上る近道として、知る人ぞ知る隠れ道であったが、現在は県下屈指の大型前方後円墳を訪ねる道として整備され、人工木の土留（つちどめ）が敷設され歩きやすくなった。100m余ほどの坂道は登山道のようで、繁った木々の下道は落葉を踏む音がして気持ちが安らぐ。上り切ると左手に高野山の鎮守、香取神社へと続き、木々の間から手賀沼が見える。

水神山古墳坂

右手の住宅に沿った道を曲ると間もなく南に千葉県北西部最大を誇る前方後円墳「水神山古墳」がある。この坂の名はこの古墳に繋がる。

水神山古墳は手賀沼の北側、標高20mほどの台地の上にあり、東京大学考古学研究室が調査。当初は5世紀後半の築造とされていたが、現在は4世紀後半に訂正された。大きさは東西に長さ63m、前部幅28m、後円部径32m、高さ5m。墳丘は3段形状で造られ、北側には周濠が設けられていて全長69mとされている。後円部から長さ5mの竹割木棺が発見され、鉄製品、玉類などが出土した。玉類は遺体に首飾りとしてかけられていたようだがすでに遺体は分解して消失した。鉄類は足元にあり、玉類は管玉とガラス製の小玉が多数あった。鉄類は刀子2点、針の束などで、期待された武具や鏡などの副葬品は出土されず埴輪もなかった。しかし、当時すでにこれだけの築造工事が可能な実力者がこの地方にいたことが興味深い。しかも、副葬品の中に針束や装飾品が多く出土したことから被葬者は女性の可能性があるという。ヒミコのような占術を用い政り事を行っていたのだろうか。現在、この古墳は千葉県指定史跡になっている。

水神山古墳のある同じ台地のわずか西に、高野山の鎮守、香取神社がある。近年境内の樹木の多くが伐採されたが大樹が残る森の中に本殿があり。万治から大正期までの百庚申塔が見事に社前に建ち並ぶ。今も三基の円墳が残り、この地域の歴史の奥深さが感じられる。

常総地方は平将門ゆかりの伝説が豊かであるが高野山の香取神社[1]は天慶3年（940）将門を討って、勝者の藤原秀郷が祭神に経津主命を祠ったという。沼の対岸、岩井には将門を祀る神社がある。千年を経た現在、両住民は手賀大橋完成後、交流を深めている。旧道に下りる石段脇の樹齢500年の大銀杏がそびえ立つ。

（越岡禮子）

1 香取神社　高野山の鎮守。祭神　経津主命　天慶3年藤原秀郷が創建。百庚申塔

〈ガイド〉
我孫子市高野山74
坂東バス「我孫子市役所」徒歩13分

子之神寄進坂（ねのかみきしんざか）

町民らで石段を寄進

我孫子市役所と県道8号線を挟んで子之神大黒天がある。その山門前から左手の小道に入るとすぐに急な下り坂となり、「子之神寄進坂」と呼ばれる古色蒼然とした石段がある。

この坂は相馬霊場八十八ケ所の遍路道で二十七番札所のある高野山の最勝院から子之神大黒天四十三番札所を結ぶ石段でもある。現在は大正期まで我孫子宿内にあった三十八番札所が移されている。

石段は明治32年に地元民からの寄付により寄進されたと伝わっているが異説もある。

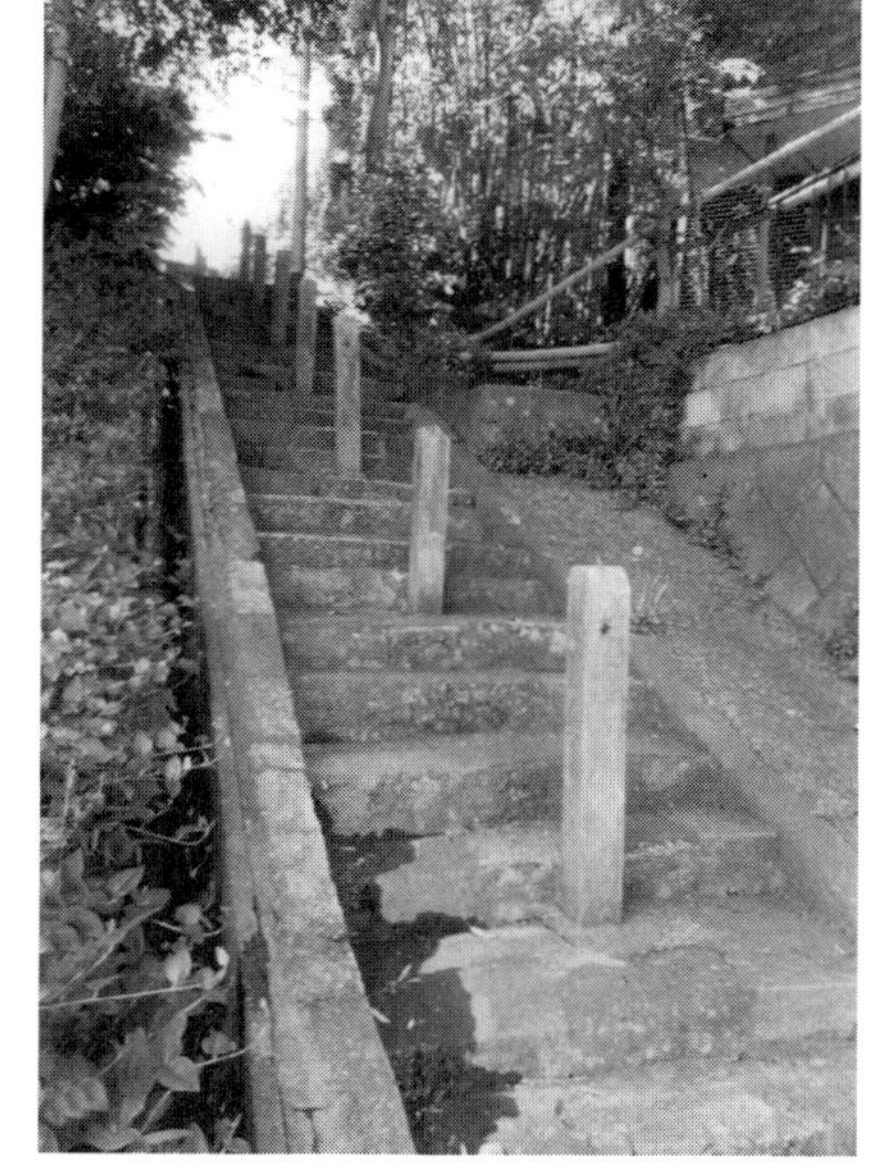
子之神寄進坂

石段の石柱に刻まれた寄進者名の中に、明治36年に生まれた者や、明治末期に我孫子移住後に下駄屋を営んでいた主人の名前もあるからだ。あるいは後日の修復時の寄付者なのか。

石段は1間幅で47段ある。切り通し状の坂を階段で昇降できるわけだが、現在は東側は雑木が繁り、西側は昭和末期まであった「お玉茶屋」の建物が朽ち果てて残っている。

石段の1段づつにこの坂の寄付者の名前、もしくは屋号が1本の柱に数名づつ刻まれていて合計55名である。現在も知られている旧家や商家の名前もあり、親しい気持ちになる。5円を最高に1円までの寄付金額が12本の石柱に刻まれているが、すでに石柱の何本かは風化のため判読ができない。当初は柱の上部に太い鉄の鎖が通してあったようで名残りの穴があいている。鎖を握りながら懸命にこの急坂を昇る巡礼の姿が目に浮かぶようだ。

昭和39年に旧手賀沼大橋が架橋され、県道8号線が開通する以前、この辺りは多くの古墳が点在する丘陵の中に一筋の遍路道があった。現在の西部消防署の東側に残る小道がそれで、成田街道に接する所に道標を兼ねた碑には「子之権現道」と刻まれている。県道8号線が開通するまでは現在の東邦病院前あたりから丘を下り、低地から現在の寄進坂を上がり切ると子之神大黒天境内にある札所へと繋がる。

文化3年2月5日に俳人小林一茶もこの道を用いたようだ。一茶の支援者で布川の廻船問屋を営む古田月船とは大変懇意で文化3年の正月は古田家で過ごし、その帰途に当時は子之権現社と呼ばれていた子之神大黒天を詣でている。「文化句帳」に「我孫子子権現詣　神木大柊　馬橋ニ入　江戸ニ入」と記しているが、残念ながら現在、一茶の見た大柊はない。

この当時は未だ寄進坂の石段はなく、霜解けで赤土の滑る坂を一茶は懸命に上ったことだろう。近頃は再び相馬霊場巡りが盛んになったようだが、マイクロバスや自転車で巡る人も多く、郷土を知る良い機会でもある。現在の寄進坂は地元の人だけが知る静かな坂だ。

（越岡禮子）

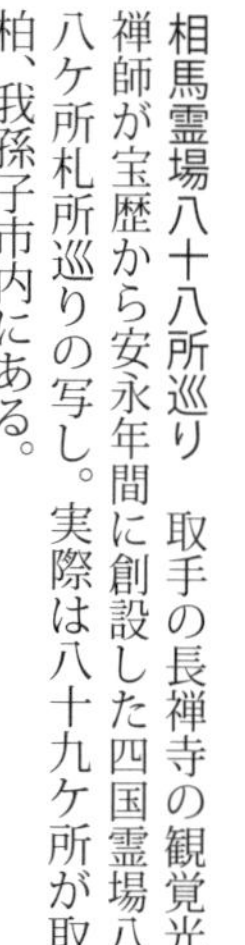

1　相馬霊場八十八所巡り　取手の長禅寺の観覚光音禅師が宝暦から安永年間に創設した四国霊場八十八ケ所札所巡りの写し。実際は八十九ケ所が取手、柏、我孫子市内にある。

〈ガイド〉
我孫子市寿2丁目27周辺
坂東バス（子之神）徒歩10分

村川別荘脇の坂

北の鎌倉と呼ばれて

手賀沼の台地に別荘を構えていた村川堅太郎[1]（東大名誉教授）は、平成3年に亡くなった。村川は、「旧我孫子宿本陣の一部であるこの建物を文化財として遺すように」と遺言を認めていた。

これを受け、我孫子市は市民の保存運動とともに、文化遺産として遺した。その後、歳時記に関する企画や郷土の歴史を知る行事を催す会場に使われ、旧村川別荘の存在が知られることになった。これに伴い、何時しか別荘の沼側の下にある坂を「村川別荘脇の坂」と呼ぶようになった。

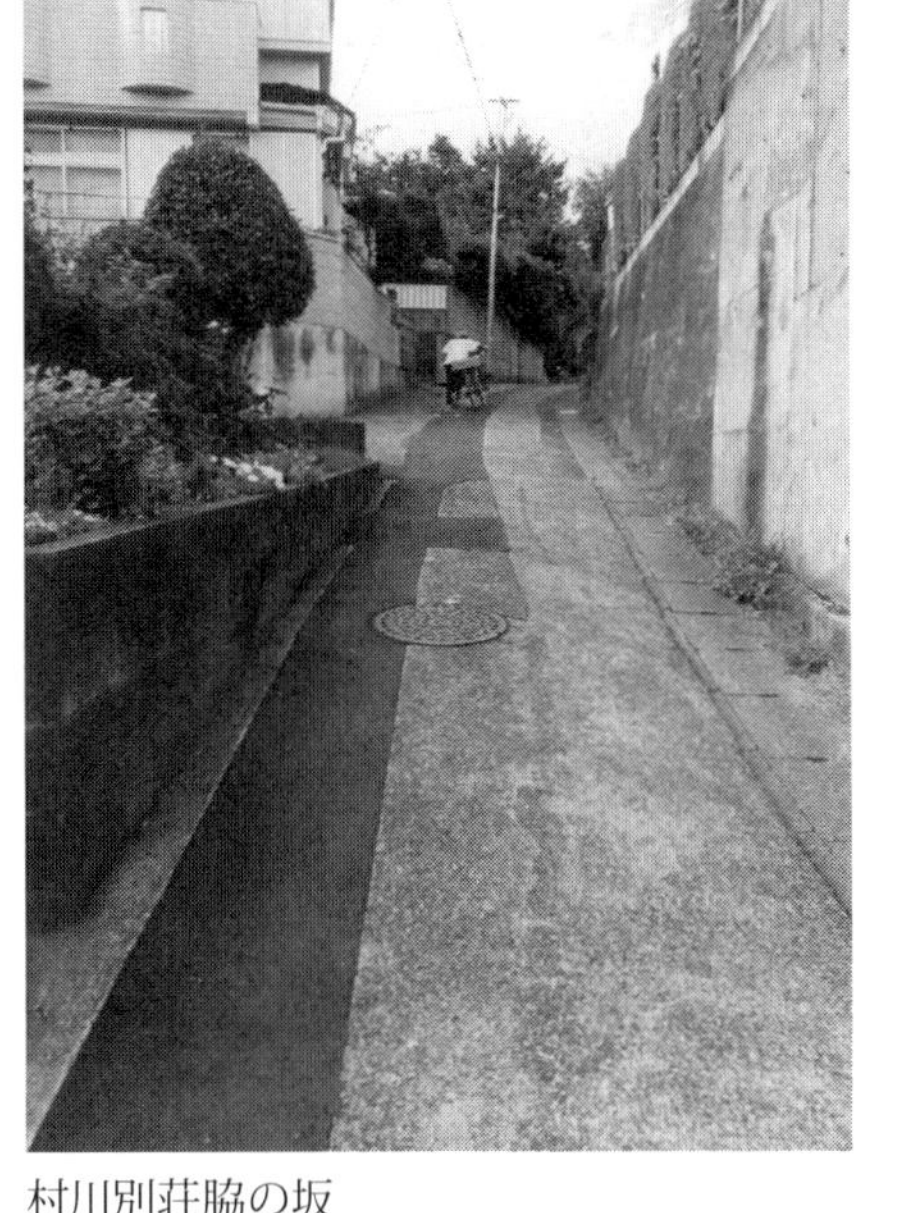

村川別荘脇の坂

「子之神入口」バス停から徒歩5分、「白花山延寿院甲子寺」、「子之神大黒天[2]」と刻まれた二本の石柱が建つ内からが参道である。今から50年ほど前までは鬱蒼とした巨木が立ち並んでいた。現在は左手に豪邸の塀が続き、右手沼側は眺望のよい住宅地になっている。山門右手に屋根付き引戸の風情ある門構えの屋敷が旧村川別荘である。邸内の木々の間から朝鮮様式の反ったかたちの屋根が見える。

この坂は参道の中ほど右手にあり、戦前は別荘であった家もあり、庭も広く大樹が多い。

昭和17年2月、手賀沼に魅かれた俳人・石田波郷[3]は自著の随筆で回想している。友人の石塚友二らと散策したとき、同行の島崎翁助（藤村の三男・画家）も眺めの良い手賀沼の光景に絵心が沸き、坂途中の家人の庭を拝借したいと申し出たことが記されている。その家は現在もあり、完成した作品は不明とされている。

坂を下りる左手に「世界一小さなチョウチョ園　青虫君のお家」がある。三角の土地にメルヘン調の家屋の出窓に本来の、蝶の羽化の様子を21年間にわたり児童らに見せ続けている。

建物の周囲はいつも4季の花々が咲き、出窓の下には童謡の『蝶々』を奏でる木琴が掛けられている。子どもだけでなく、子之神大黒天を詣でる大人にも好評である。

坂の上から見る光景は、かつて「北の鎌倉」と呼ばれたころの雰囲気がある。近くには画家で歌人の原田京平、工芸家の硲伊之助らが住み、三谷一二（元三菱鉱業会長）や島田久兵衛（薬問屋）らの別荘があった。

現在は旧道から先の沼辺は埋め立てられ、手賀沼ふれあいラインや若松地区と呼ばれる住宅地になっている。坂を下り東へ行くと、今も大きな屋敷を構える大塚家がある。屋号は与兵衛、手賀沼大橋が架橋されるまで、「与兵衛の渡し」の船頭を余業としていた。

村川別荘脇の坂は、対岸の村々から子之神大黒天を詣でる人々の参拝路でもあった。

（越岡禮子）

1　村川堅太郎（1907～1991）西洋史の大家。父の堅固も東大名誉教授で嘉納治五郎との縁で別荘をもった。

2　子之神大黒天　康保元年創建。

3　石田波郷（1913～1969）水原秋桜子の門下生、我孫子に度々来訪し、それを綴った随筆『我孫子』は代表作。「鶴」を主宰した。

〈ガイド〉

我孫子市寿2・25

JR我孫子駅東口バス「子之神入口」下車徒歩5分

日立坂（ひたちさが）

若葉・紅葉…自然林

ＪＲ天王台駅南口よりあやめ通りを南進し、国道３５６号で右折すると我孫子中学校に至る。この間徒歩10分。またはＪＲ我孫子駅南口から湖北方面行のバスに乗り、我孫子中学校で下車。国道をはさんで南側に日立アカデミー我孫子研修所（旧称日立総合経営研修所）があり、この研修所の本館（東）と別館（西）の間にある坂が「日立坂」である。このあたりは縄文、弥生のころより人が住んだところで、西大久保遺跡として発掘され、古代住居跡50件ほどが見つかっている。「日立坂」を語るにはこの研修所の歴史を知らなければならない。

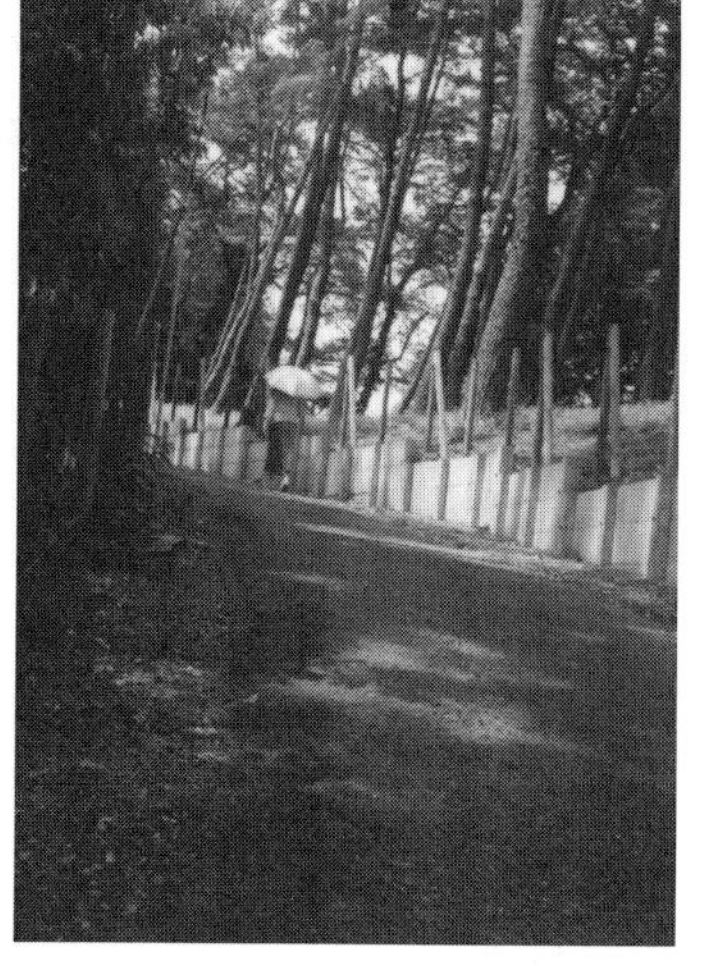

日立坂

先ず大正15年から昭和25年までは元日本郵船大谷登社長の別荘で、その後昭和36年まで築地の料亭「とんぼ」が料亭旅館「みどり」を経営した。自然林の中に点在する建物に鳥の名をつけ、離れ座敷として使用した。文人吉屋信子が執筆に、歌人水原秋桜子が吟行にたびたび来られ、棋士呉清源が名勝負を展開したという。

昭和36年に日立製作所が教育部門を設立、翌37年この地に研修所を開所した。これが日立総合経営研修所。日立グループの経営管理者育成を目ざして活動している。

東西の庭園は、平成15年に我孫子市の景観賞を受け、平成22年には日本で全国規模の「生物多様性保全につながる企業のみどりの１００選」に認定された。また日立坂は平成25年「我孫子のいろいろ八景」の一つに選ばれた。

日立坂（市道）の西の庭園は、前述の通り大正以来の歴史があり、離れ座敷の一つ「ほととぎす」は丘陵の突端にあり、研修所として座禅、俳句、茶道など和の文化の場として利用されたが、平成27年惜しくも解体された。しかしその眺望は木と沼が織りなす絶景で人々を魅了している。東庭園はけやき、椎、松、杉などの古木に加え多くの記念樹が美しい姿をみせている。「よい立木は切らずによけて建てよ」の精神を生かした一対のけやきの大木は見事である。台地、谷津、湧水池、古墳などを巡る回遊式散策路はすばらしい。春と秋に庭園は一般公開され、市民多数に喜ばれている。

日立坂はこの庭園の間に通じており、若葉・紅葉のころは特に見事で、森林浴の楽しみが尽きない。長さ約２５０ｍ、傾斜は緩い所で８・６％、急な所は11・６％で健脚向きといえるかもしれない。車はせまいので余り通らず静かである。自転車の人は大てい降りて歩く。坂を下りると、眼前に手賀沼とふれあいラインが広がり、思い切り大気を吸いたくなる。好天ならば富士山、スカイツリーも見え、近くは沼南の丘が連なってみえる。対岸に「きつねの嫁入り」がみえたとの昔話はまぼろしとなり、手賀大橋のらんかんに外灯が明るく光る。

（三谷和夫）

1 高野山桃山公園・前原古墳群　日立の研修所の西に隣接して高野山桃山公園がある。芝生が広く明るく美しくて快適であり、子供たちが元気に遊んでいる。桜、桐、藤棚、源平桃、マユミなどが植えられて、それぞれ花を咲かせている。前原古墳群は方墳二基で、我孫子最古3世紀後葉に属する。水神山古墳と共に、葬られた権力者が沼への眺望を意識し、彼らが沼を含めた周辺地域を支配していたことを示している。この古墳は埋め戻して公園の中に保存している。突端は眺望絶佳、大勢集まり、写真撮影に好適。

2 参考文献　「日立アカデミー我孫子研修所」の一般公開時の資料による。

〈ガイド〉
ＪＲ天王台駅南口より徒歩15分

岡発戸の坂

八十八ヶ所詣での歴史

　JR天王台駅南口より駅前通りをまっすぐ南へ進み、成田線の陸橋を越え、駅から1キロほど行くと、陸橋滝前橋がある。この橋の下はあやめ通りの坂である。滝前橋から700mほど道なりに東へ行くと滝不動に着く。この前を過ぎ左折すると「岡発戸の坂」である。畑の中のゆるやかな坂、長さ約250m。歩道はない。坂を上ると林に入り、右に岡発戸市民の森の入口がある。

岡発戸の坂

　岡発戸の坂については、何といっても「滝不動」[1]を語らねばならない。岡発戸の坂と滝不動とは長い歴史があるからである。

　滝不動は平安の昔、桓武天皇の孫、高望王が平の姓を賜わって関東に下った折、この地を通り手賀沼の風光の美しさに感じ入り、弘法大師作の不動尊像をまつったとの伝承がある。像はのちに中峠の照妙院不動尊に移されたというがさだかでない。

　この不動堂は安永5年（1776）に新四国相馬霊場の第36番札所となった。以来この御堂は、相馬八十八ヶ所詣での善男善女が各地から通い続けて今に至っている。その八十八ヶ所詣での道がこの岡発戸の坂なのである。湖北の正泉寺から来て下ケ戸（さげと）の西音寺へと歩み続けて来たのだ。

　現在の不動堂は文化13年（1816）に造立されたもので、見事な茅葺きであったが、のちに屋根は銅板葺きになった。最近は車で来てしかも一泊どまりで八十八ヶ所を詣でる人もあるが、昔は朝暗い中に家を出て、ずっと歩き通し夜暗くなって提灯に迎えられて巡り終えたという話も聞く。また世の移り変わりもあり、このころは半分リクリエーションとして札所詣でをする向きも見られる。いずれにしてもこの巡礼の人らの通る道が岡発戸の坂である。ただしこれは決まりがあるわけではなく、別の道を行く人がいたり、また逆コースで行く人もあり、それは自由に行われている。

　坂の上の市民の森はまた別天地であり、この森を利用するために岡発戸の坂を行く人もいる。この森には縄文の時代に住居があったというから、この坂は恐ろしく遠い昔から利用されたといえそうだ。昔から人間はこの森で燃料、肥料、木材を入手していたというし、畑もあったらしいが、今は放置されて山林にもどってしまった。今は心静かに五感を働かせて森と対話するとよい。松杉栗などや、これは何の木としてエゴの木、ヒサカキ、ギンラン、ナンバンキセル、またウグイス、キジバト、コジュケイや、セミのヒグラシ、ツクツクボウシ、チョウのムラサキシジミ、トンボ類はナツアカネなど。さまざまの動植物が見られ、とにかく楽しい。

（三谷和夫）

1　滝不動の句碑など《清滝や　波にちりこむ　青松葉　はせを》芭蕉はここには来ていない。この句は京都の清滝で詠んだものだ。余り知られていないが、芭蕉が遺言のようにして残した句であり、死の床にあって舌頭に千転して得た執念の作といわれる。取手の有力商人たちが願主、世話人として碑に彫られている。志賀直哉が書いた『矢島柳堂』の中にある藤棚が復活して育てられ、花を咲かせる。伸び放題の竹林はボランティアの人たちの手で整備されて趣を一新した。

〈ガイド〉
JR天王台駅南口より徒歩20分

あやめ通り（どお）の坂（さか）

あやめのないあやめ通り

あやめのないあやめ通りとは、公募によったからだ。昭和50年代に道の名称を公募したとき、駅からあやめ園へ行く道と紹介したため、あやめ通りの名が当選決定したことによる。しかもそのあやめ園も廃止されたから、今や空念仏に帰した観あり。東高野山（こうのやま）自治会では、これも会報の名を公募したとき「あやめ通り」が当選決定し、ずっとその名が今も生きている。

あやめ通りの坂

あやめ通りの坂は、JR天王台駅（1）から駅前通りをまっすぐに南進し、成田線の陸橋を渡り、約800m行き、滝前橋の陸橋をくぐるあたりで手賀沼が見え、長さ約210mで手賀沼フラワーラインまでの坂である。坂は傾斜が6％というが意外に急であり、上りは自転車を降りて押す人が多い。歩道があり両側に花見月の植えられた並木道は季節にうるおいを与えている。下りは手賀沼を遠望しながらゆったりした心持になる。道路は二車線であり、車の通行も多い。平成になってこの道が出来たが、それまでは空地で雑草が生い茂っていた。西側は急斜面でつつじが植えてあり、花のころは陽光に映えて美しい。我孫子中学校から来てあやめ通りを越える道が陸橋となっているが、この道をその昔平家の祖となった高望王（たかもちおう）が、従者と共に馬で通行したことが想像される。さらに東へ進むと、手賀沼通りの風光を愛した王が不動尊像をまつったとされる滝不動に達する。

このあたりは明治時代、東葛飾郡高野山村であって、昭和の市制により我孫子市高野山となった。鴻ノ山とも書き、コウノトリが手賀沼に棲んでいたことに由来するらしい。この坂の西側の急斜面の上は平らな台地で、古くから人が住んでいた。平成の発掘によれば、縄文、弥生期の遺跡がいつも見つかっており、また西方の市役所まで高野山古墳群が点在している。日立総合経営研修所（日立アカデミーと改称）までは、西大久保遺跡の発掘がなされた。現在住宅地となった地区からは、縄文時代5件、古墳時代5件の遺構が確認された。

我孫子の市街地は、利根川と手賀沼の間に細長い背骨状に伸びており、成田街道（国道356号）がその分水界をなすところが多い。あやめ通りを流れる水は当然手賀沼に流入する。かつて20数年の長きにわたり手賀沼の水の汚濁が日本一の汚名を受けていたころは分水界が問題であった。このあやめ通りの坂上の北側では雨水はどう流れたか。天王台地区の西方の低地部分で成田線をくぐり、さらに北に流れて利根川に流入する。そして成田線をくぐるあたりでは低地部に水が集中して床上浸水さえも起こしたのである。今日では排水路が整備されてやっと浸水被害も減って来たがまだ完全ではない。

（三谷和夫）

1　**天王台の由来**　あやめ通りの北部は天王台地区である。天王台の地名は、昭和35年に常磐線の新駅の名称が、所在地（柴崎天王裏）の小字名から天王を台地の台をとって天王台駅と決まり、翌年我孫子市が天王台土地区画整理事業の実施をきめ、昭和55年に住居表示が天王台となって地名の確定をみた。ちなみに天王台の地名はつくば市にもあり、（由来不明）、また銚子市には、山崎天王山の戦いで敗れた明智光秀の残党が当地に住み着いたことにより「天王台」の呼名がある。

〈ガイド〉
JR天王台駅南口徒歩15分

頼朝坂（よりともさか）

佐竹攻めの兵ら野営

JR成田線新木駅南口を出て東方へ800mほど行くと、布佐平和台団地があり、その手前に「頼朝坂」が南北に通じている。道幅2間ほど、長さ約250m、傾斜32度の坂、少し曲がっている。

源頼朝がこの地を通行したのは治承4年（1180）11月1日ごろと推定される。頼朝は挙兵して鎌倉に入り、富士川の合戦で平家軍に勝利したのち、まだ平家に組して従わぬ佐竹氏を討つべく、10月27日に鎌倉を発して石岡へ向かう途中であった。頼朝坂で野営にあたり、これは私の想像であるが、兵たちが鎌倉を発ってからの疲れをいやし、明日の布佐台通行を前にして、兵たちに少々酒食を供し、遠き日の八幡太郎義家公を語り、家人鎌倉権五郎景政の勇猛心をたたえることで、兵たちの士気を鼓舞したのではなかったろうか。そして佐竹に対する勝利を期待したのではないか。冷気を増す中で明日のために心を奮い立たせたかったのではなかろうか。

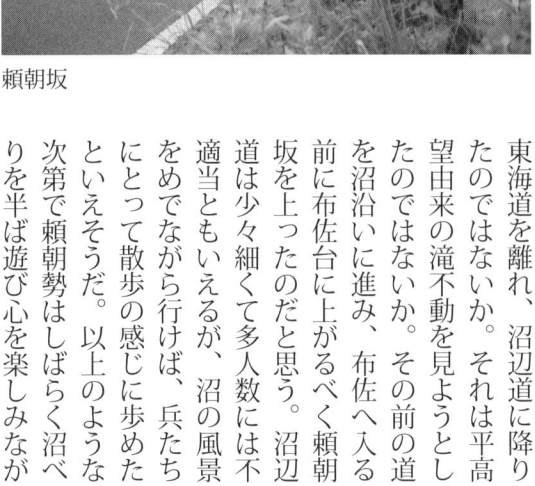

頼朝坂

さて次に頼朝勢は恐らく数百人以上いたと思われるが、ここまでどの道をきたのであろうか。結論からいえば、手賀沼の沼辺道を来たのだろうと私は思う。全くの私見であるが、この多人数が通行するには曲がりくねった細道は不適であり、本来古代の東海道を来るのが一番ふさわしい。そこで私は思う。古代の東海道は我孫子の細長い街の背骨にあたる所を東西に通じていたから、今関係する部分でいえば、松戸から柏を通り、我孫子中学校の前に通じていた。ここで東海道を離れ、沼辺道に降りたのではないか。それは平高望由来の滝不動を見ようとしたのではないか。その前の道を沼沿いに進み、布佐へ入る前に布佐台に上がるべく頼朝坂を上ったのだと思う。沼辺道は少々細くて多人数には不適当ともいえるが、沼の風景をめでながら行けば、兵たちにとって散歩の感じに歩めたといえそうだ。以上のような次第で頼朝勢はしばらく沼べりを半ば遊び心を楽しみながら進んだのだろうと考えた次第である。いわゆる頼朝道が湖北から新木へ残されているが、当時はまだ整備されておらず、何よりも頼朝坂は頼朝の時代以降に成立していったと思うのだ。

頼朝勢は11月4日に常陸国府（石岡）着、佐竹は威光あり中々に強敵であった。千葉常胤、上総広常、三浦義澄、土肥実平たちが協力した。

佐竹秀義は金砂（かなさ）城に立てこもり、以前から要害を固めていた。簡単に落とすこともならず、秀義の叔父に広常が話をして味方につけ、金砂城の背後から攻めた。秀義は予想以外のことにあわて、ついに逃亡したという。このあと頼朝は武蔵の国へ廻り再び我孫子には戻らなかった。一度だけ頼朝は我孫子に来た。

（三谷和夫）

1 **我孫子の鎌倉道**　我孫子市内の「かまくら道」が「湖北座会」の十年記念誌「利根川・手賀沼と湖北」にのせられている。新木の駅前から湖北の八幡神社（二本榎）までで、かなり曲がりくねった道であり、いくつかの谷津田を渡って通じている。昭和36年に修正図がのせられている。最短距離を通るように山腹を通り、野営に便なるように井戸に近い所を選び、社寺の近くを通っているのが特色である。天正年間（1573～91）に佐竹街道（のち成田街道）が出来てすたれたという。

〈ガイド〉
我孫子市布佐1849付近
新木駅から徒歩12分

鎌倉坂

源義家と権五郎井戸

JR成田線新木駅から国道356号に出て、右折し300mほどいくと気象台記念公園がある。正門の南側に鎌倉坂があったといい、その坂の中ほどに権五郎井戸があった由。昭和初めには井戸の跡が残っていた由。今はすべて烏有に帰した。ここに記念碑がほしい。

権五郎とは、鎌倉景政（景正とも書く）といい、相模国鎌倉郷を本拠とした平安末期の武士。生没年不詳。平良文の曽孫という系図もある。後三年の役で源義家に従って活躍。大庭御厨の開発領主となりその子孫は大庭氏、梶原氏、長尾氏などに分かれて相模国内で発展した。

景政は鎌倉権守景成の子と伝えられ、後三年の役に義家の家人として、弱冠16歳で従軍、出羽国金沢の柵の攻略に活躍し、大いに武名をあげた。『奥州後三年記』によると、このとき景政は、鳥海弥三郎のために左目を射抜かれたが、ひるむことなく即座に答えの矢を射返してこれを倒したといい、また同僚の三浦為次がささった矢を抜くために景政の顔を足で踏もうとしたところ、武士の顔を、土足にかける無礼をとがめ、これを謝らせたともいう。その出身地である鎌倉市坂の下に、彼をまつる御霊神社があり、「権五郎さん」の通称で親しまれている。奥州地方には、目を負傷した景政が戦場からの帰途に霊泉に浴してその矢傷を治したという、いわゆる片目清水の伝説を伝えるところが多く、また景政を神としてまつる風習が広く行われている。柳田國男が説いた「目一つ五郎」の信仰で、「五郎」を「御霊」に付会したものだが、『吾妻鏡』によると、文治元年（1185）の夏から秋にかけて、鎌倉の御霊神社にしきりに神異があったことが記され取り、その託宣が人々に崇められていたことが知られる。

鎌倉坂

さてこの鎌倉坂の南方に頼朝坂（別項参照）があり、源頼朝が佐竹攻めのために常陸国府（石岡）へ兵たちと共に通行したことが想像される。義家は前九年の役、および後三年の役に勝利して、源氏の声望は東国に於いて抜くべからざるものとなったから、その100年後に義家ゆかりのこの地に立って、意気揚々たるものがあったのではないか。それは自ずと兵たち全体に伝わったのであろう。

鎌倉坂と頼朝坂をつなぐ径路は、明治34年JR成田線の開通により、断ち切られて今日に至っている。現在では金網により線路上の横断は完全に遮断されてもいる。

なお、田村栄『鎌倉街道』に北大作の街道の写真がのせられているが、北大作は住宅地となり、かつての状況は全く変化しており、写真はもはや現在とは異なり、鎌倉坂へのつながりもとても推測できない。残念ながら今昔の感にたえない。

（三谷和夫）

1 歌舞伎の鎌倉権五郎　鎌倉権五郎は、歌舞伎では市川家の歌舞伎十八番「暫」の主人公として知られる（世界によって名称は異なる）。鶴岡八幡宮などの社頭で、悪公卿が自分に従わない者たちを切ろうとするそのとき、揚幕から「しばらく、しばらく」と声をかけて登場する。荒事の主人公にふさわしい独特の服装で、悪人を寄せつけず善人たちを助ける。9代目団十郎の、1895年上演時の権五郎をモデルにした銅像が、浅草公園の中に建てられたが、戦時中供出されたため現存しない。参考文献『日本架空伝承人名事典』平凡社　1986年

〈ガイド〉
気象台公園　我孫子市新木野2・5
新木駅から徒歩15分

古利根沼の坂

もと利根川へ下りる坂

JR成田線湖北駅から成田街道に出て、すぐ古利根川への道を北進する。1キロほど行くと右に足尾山神社への支道に着く。足尾山神社は創立年代不詳。もと今井家の氏神をいい、今も神社の脇の同家が管理している。大正末期まで祭礼があったという。何よりもこの神社は足の守り神とされ、靴、下駄などのはき物関係の品が、社殿の外壁に多数掲げられている。

この支道の左側が「古利根沼の坂」で、少しくねくねしているが約160m、傾斜は約16度。左側の古利根は雑木林にかくれて見えない。坂下の左側に古利根沼がある。かつて暴れ川で各地に水害をもたらした利根川の蛇行部分を改修し、流れを寸断した約1・5キロの部分が沼となって残り、古利根（沼）と呼ばれている。

古利根沼は静かなたたずまいを見せているが釣りの名所にもなっている。沼の南側には中世の芝原城址がある。古利根沼の坂下から、沼の岸辺に茂る雑草をこぐようにして進めば、城址の麓に至る。芝原城は小田原北条氏につながる河村出羽守が天文10年（1541）に入城して中峠城と改めたが、小田原北条氏の滅亡と共に廃された。今も中世城郭の形を保っていて公園化されており、往時の面影をしのぶことができる。

古利根沼の坂

足尾山神社

戦国の世のならいながら、中峠城の落城にまつわる悲話が残されている。中峠城の落城にあたり、城代の林伊賀守（剃髪して順道という）は城主の妻子の先途を見届け、従士32人と共に自刃し悲運の最期をとげたといわれる。今もその遺跡が順道塚として残されている。その所有者川村家は、城主の有力な家臣の後嗣といわれる。

沼の北側には小堀集落がある。改修前には利根川の北側に位置して茨城県（取手市）に属していたが、改修により一転して利根川が集落の北側を流れることになった。南北に利根川と沼を控えまさに水郷集落となった。ただし、改修後も茨城県に属して取手市の飛び地となっている。我孫子市から所属を千葉県にしてはとの呼びかけがあったが、はっきりと拒絶して今日に至る。それで学童は取手までバス通学している。

小堀と取手市側を結ぶ渡船は、今は観光用となり、有料で我孫子と取手をつなぎ、散歩を楽しむ人たちに喜ばれている。

小堀は江戸時代に河岸として栄えた。文化・文政期（1804〜1830）に寺田勘兵衛家は河岸の絶頂期で来客も多く、「小堀勘兵衛ほうきは要らぬ、姉と妹が袖で掃く」と言われたが、鉄道の時代となって水運業は衰えた。

ただし神社に苔むして立つ庚申塔の碑は、取手市最古の歴史をひそかに誇っている。

（三谷和夫）

1 中峠の地名　中峠の峠は「とうげ」であって、「ひょう（びょう）」という読みはない。辞書にも出ていない。新住民は「なかとうげ」と読む人もいる。柳田國男は峠は標のことで、境に立てる木を表すなどと述べているがどうであろうか。天文10年（1541）河村出羽守が芝原城を中峠城と改めたのが、中峠の地名の起こりと思われる。徳川幕府が中峠村を公式に認めたので中峠が広がっていったのであろう。他はほとんど小字である。我孫子の中峠は、他にもある中峠に対して元祖といえるのかもしれない。

〈ガイド〉
足尾山神社　我孫子市中峠3708
湖北駅下車徒歩19分

古戸(ふると)の坂の十字路

X字形の坂の迷宮

　JR成田線湖北駅より中里通りを湖北公民館まで歩き、そこから約800m北進して古戸の集落に突き当たり、右折して少し行くと十字路に至る。十字路というが、斜めに交わっておりどの路も坂で、雑木におおわれている。珍しい十字路だ。土地の人に聞くと、「安全に見える十字路では事故が起こるが、危なっかしいこんな路では事故はない」とのこと。幅2mもない路だから車は来ないだろう。それにしても荷車の通行は少々難儀ではなかろうか。「坂の迷宮」と名付けた人あり、うなずける。慣れた人らが通って来たから、このまま続きそうに思える。我孫子の「坂道八景」にも選ばれている。

　坂下には谷津田があり、一番奥を湖北中学校が占めていて、その下には棚田式に田が続いている。奥では湧水があり、それをためて水田に次々利用しているらしい。低地は利根川まで広がっており、耕地整理された形に見える。昔は利根川は沼のようであったらしく、洪水の被害も出たらしい。

古戸の坂の十字路

　古戸(ふるど)の地名の戸は津に通じ、明らかに渡場であり、「渡場前(わたしばまえ)」の小字名が残っている。「神出(かんだし)の渡し」と言ったようだ。茨城県の小文間(もんま)(お)渡船もあったといい、佐竹街道にもつうじていたらしい。古戸は物資輸送の拠点の用も果たしたようだ。

　古戸では著名人として阿曽琴子（古登）という女性がいる。明治17年に女性ではじめての藍綬褒章をうけた。同氏は湖北村古戸の出身で、弟にあたる阿曽左一郎は『湖北村誌』の中で村治功労者として紹介されている。ことの受章については、「日本帝国褒章之記」に、

　阿曽古登　資性順良能ク舅姑ニ事ヘ文久3年ノ頃夫病没ス。爾来固ク貞操ヲ守リ且慈善ノ志厚ク他人ノ孤児ヲ修養シ成長ノ後之ヲ嫁娶セシムルモノ二十六人ノ多キニ至リ又多額ノ金負ヲ捐テ有志者ヲ募リ長興小学校ヲ建築スル等其成蹟著名ナリトス。依テ明治14年12月7日勅定ノ藍綬褒章ヲ賜ヒ其善行ヲ表彰ス。

明治17年12月19日
本村長興小学校建築費トシテ金五百八十円余寄附候段奇特ニ付為其賞銀杯一箇下賜候事。
明治17年12月19日

ことが嫁いだ飯塚家は豪農で名主であり名望家であった。ことの夫松五郎は、和歌、俳諧を能くし算学家でもあったが43歳で没した。ことの慈善の志は松五郎によるものであろう。ことの資性は近在に知れ渡り、夫の死後、読み書きからお茶、料理などを孤児に実践的に指導し、また学校を建築寄付してそれが賞せられたのであった。

（三谷和夫）

1 中阿曽左一郎と古戸囃子連　阿曽左一郎は幕末の勤王家平田篤胤の門に長く学び、明治初めに布佐台の陣屋に出仕した。また葛飾県の判士をつとめた。ついで開墾局出仕を命ぜられ手賀沼開発の計画にたずさわる。明治18年印旛下埴生南相馬の郡会議員を務める。明治22年逝去、享年59。
古戸には関東地方でも珍しい囃子連が残っている。三番叟では初めに黒いお面が出て来てそれから白いひげの者、最後に老人が登場する。また狐の種まきは豊年祈願の信仰的意味を底にたたえつつユーモラスの気分を盛り上げている。後者は「我孫子市史研究6」の巻頭を写真で飾っている。

〈ガイド〉
我孫子市古戸630付近
湖北駅から徒歩27分

けやき通り(どお)の坂(さか)

芽吹きと紅葉が圧巻

JR成田線湖北駅から南に出て四季の道を西方にゆく。交番あり、道を聞くに便利。800メートルほどいき左折するとけやき通りとなる。並木が美しい。昭和41年に湖北台団地が造成されたときに、計画的に植樹されたけやきが成長して道の両側に大きな並木を作っている。坂下幹の太さが約3mになるものもある。坂下の「手賀沼ふれあいライン」まで約200m、ゆったりとした下り坂がまっすぐ続く。四季折々の美しさがあるが、特に春の芽吹きと秋の紅葉が圧巻である。歩道は安心して歩くことができ、車道は二車線でゆったりしている。

広大な湖北台団地がつくられ、ほぼ半世紀をすぎ、今は高齢者の住民が多くなったが、中々の知識人や専門的技能をもつった人も多く、さまざまな文化的な活動にいそしんでいる。ただしその子や孫にあたる人たちは大都会や地方に職を得たりしてこの土地に住み続けること少なく、従って団地は比較的空いているようだ。いわゆる団地族の姿もかなり変貌してゆくのであろう。

けやき通りの坂

8丁目にある八幡神社は、奥州攻めの八幡太郎義家たちがここに宿営したとの伝承あり、白旗を残して去ったともいわれる。「八幡大菩薩」の白旗をまつったのが神社の起こりともいわれる。神社の南に鎌倉街道が通じ、一里塚に二本榎が植えられたというが、現在はない。二本榎の小字名は今も残っている。神社に残る一対の狛犬は特色ある肢体が面白い。嘉永6年（1853）改築の本殿の彫刻は、当時の神社建築の特色を見せている。ここより東北に進んだ義家が勿来の関にて「吹く風をなこその関と思へども道もせにちる山桜かな」と詠じたことも思い出される。

9丁目にある曹洞宗正泉寺(1)は、弘長3年（1263）執権北条時頼の娘桐姫（法性(ほうしょう)尼(に)）の開基と伝わる。法性尼永眠の150年ほど後に村の娘が病にとりつかれ和尚に助けを求め、和尚が村人と共に祈ると、夢枕に地蔵尊の化身が「明朝手賀沼にゆけ……」と伝えた。そして和尚は早朝、沼で血盆経(けつぼんきょう)(2)の教典の一部を得て供養した結果、娘は平癒したという。以後「日本最初女人成仏血盆経出現道場」として各地から信仰を集めたとされる。

そして当地は経典一部を得たことから、地名が一部(いちぶ)となり、のちにそれが都部と変じたといわれる。ただし、この一部については、土地の有力者が時頼の頼みを受けて自らの土地の一部を提供したことから来たという別の説が正しいようにも思われている。

正泉寺の山門には足利義満揮毫(きごう)がかかっている。北条氏が滅び、足利氏の幕府で義満が将軍になったのは、わずか30数年後であった。

（三谷和夫）

1 手賀沼の水難　けやき通りの南にひろがる水田は、昭和40年代に干拓が終わるまでは一面に沼の水面であった。手賀沼は我孫子側と旧沼南町の間にいくつかの渡船が往来していた。竿でこぐ小型の舟は大風のときにこぎにくく、特に突風には極めて危険であった。昭和19年11月には突風のため舟が転覆し校長始め17名の若い女性教員が不帰の人となった。のちに建てられた「手賀沼殉難教育者碑」は今、湖北小学校庭にある。昭和53年水難者供養のために「手賀沼聖観世音菩薩像」を建てた手賀沼漁協組合長の深山正巳氏も今は亡き人。

2 正泉寺の血盆経信仰　女性の生理的問題に対応するために念じる寺院であった。（我孫子市教育委員会・正泉寺案内版より）

〈ガイド〉
JR成田線湖北駅徒歩12分

第6章 鎌ケ谷市の坂道

「国土地理院発行５万分の１地形図」

源兵衛坂（げんべえさか）

歴史街道の急坂

源兵衛坂

木下（きおろし）街道は現在も車の通りが多い。江戸時代からの主要な道で、物資の輸送で賑わった歴史街道でもある。土地の人には本道（ほんどう）とか法典道（ほうてんどう）という呼び名もあった。

街道は木下（印西市）から行徳（ぎょうとく）（市川市）までである。銚子の鮮魚を利根川で上り、木下で陸揚げし、行徳へ馬の背で運び、再び船で江戸へ輸送した。上流の関宿経由では、鮮度が落ちてしまうので、江戸への近道の陸路として活用した。

魚以外に多くの物資を運んだ。また、江戸の粋人（すいじん）たちが香取神宮、鹿島神宮、息栖神社（神栖市）の三社詣でに、この街道を利用した。松尾芭蕉や渡辺崋山（画家）らも歩いた街道としても知られている。

悪路の道だった

「木下街道も冬の雪解け時や木陰（ケヤキの大木が多かった）などはぬかるんで歩くのも困難だった。そのため各家々の庭先を伝って歩いて、近所へ行ったりした。[1]」

以上のように、昔はこの街道さえも悪路だった様子が記されている。

歴史ある木下街道は、今は「主要地方道市川―印西線」と呼ばれる。「源兵衛坂」は、北方の南鎌ケ谷1丁目から南方の南鎌ケ谷3丁目の間にある。産業道路の面もあり、大型車も目立つ。下りは加速度が付き、上りの車はエンジン音が増す車もある。昔は駄送（だそう）の馬がこの急坂に大変苦労したと聞く。

当街道には、人車鉄道が敷かれていた。金町から柴又を人車鉄道で帝釈天参りの人々を乗せたが、ここでは鎌ケ谷から本八幡まで物資を運んだ。それはこの街道がガタガタ道だったからと言われている。ところが、この東葛人車鉄道は短命で、明治42年（1910）から大正7年（1918）までしか稼働していなかったという。

消えゆく「源兵衛坂」の名称

この街道の急坂上りの右手に、鎌ケ谷新田郵便局があり、その対面には旧家らしい長屋門を構えた邸宅がある。ここの徳田家当主に尋ねた。

「うちの屋号は源兵衛でしたので、この坂道も源兵衛坂と名が付いたようです。今は緩やかですが、昔はかなりの急坂で、重い荷物を背に積んだ馬は立ち止まってしまったようです。」と仰った。さらに「昔は砂利道だった。舗装されたのは戦後で50年ぐらい経ちますでしょう。道路幅も広くなり、馬の道から自動車の道になりました。近頃は源兵衛も源兵衛坂もあまり使われなくなっています。」と言及された。近代化とともに車社会となり、いつしか「源兵衛坂」の名称も忘れられてしまうのだろうか？

（青木更吉）

1 鎌ケ谷市教育委員会編『鎌ケ谷市史　資料編（民俗）』

〈ガイド〉
鎌ケ谷市南鎌ケ谷3・5付近
東武野田線馬込沢駅より徒歩16分

半左衛門(はんざえもん)の坂(さか)

ハンゼムのサガ

ハンゼムの坂上り口

鎌ケ谷の西部に広大なゴルフ場と、それに接する日本ハムホームタウン球場がある。その東側を南北に根郷(ねごう)川が流れる。川といってもここでは掘割に近い細い流れである。川に沿った通りが根郷通りで、根郷という地名は本郷、本田という意味があるし、根郷貝塚もあるから古(いにしえ)から人が住んだ土地だと、理解することができる。

この一帯は今、梨銀座ともいえそうで笠川園、高橋園、三四楼園、鈴木園という梨園がずらりと並んでいる。根郷通りの満福寺の南、T字路（根郷の三差路）を東へ曲がると、すぐ根郷川を渡り急坂にかかる。通りの名は鎌ケ谷へと続くので「鎌ケ谷道」と言われている。その坂道が「半左衛門の坂」なのだが、それが訛(なま)って「ハンゼムのサガ」とも呼ばれる。この坂、傾斜は急なだけでなく「く」の字に湾曲している。

この坂は、「字戸崎の所から鎌ケ谷へ行く道を鎌ケ谷道といい、鎌ケ谷道の谷地川を渡った所の急坂は、鈴木家の前であるので、屋号をつけてハンゼムのサガと言った。(1)」とあるから、鈴木園の屋号が半左衛門なので、坂の名も「ハンゼムの坂」と訛(なま)って呼ばれていた。これを確かめるべく、当主にお聞きした。

「確かに当家の屋号は半左衛門ですが、今はこの坂道を周りでもハンゼムの坂とは言いませんね。それは以前の言い方です。」と答えた。

16年前の市の調査では、ハンゼムの坂と呼んでいた記録があるが、現在は使われていないという。先の調査時点でもお年寄りが使っていて、若い世代が使っていないとすれば、ハンゼムの坂という名称は当地においても消えつつあるといえよう。こうしたケースはここだけの事柄でもなさそうだ。都市化とともに坂道も旧来の呼称は日常、聞こえてこない。

以上のことも含めて、土地の方と接する機会の多い地元の、満福寺の住職に尋ねた。

「根郷川と地図にありますが、地元では谷地川と言ってます。お年寄りは根郷もよく使っています。根郷という土地には貝塚もありますし、古い歴史があるからだと思います。ハンゼムの坂は聞いたことありません、ハンゼムという屋号の家は知っています。鈴木さんは何軒もあるので、屋号で呼ばないと、どこの鈴木さん宅だか分かりませんから。ハンゼムの坂は聞いたことも使ったこともないですね。」と住職は答えた。

今では高齢者も使わなくなってしまったハンゼムの坂は厳然と存在しているが、ハンゼムという名前は消滅に近い。

（青木更吉）

1 鎌ケ谷市教育委員会編『鎌ケ谷市史　資料編（民俗）』

〈ガイド〉
鎌ケ谷市中沢936付近
東武野田線鎌ケ谷駅バス、ファイターズタウン停徒歩7分

稲荷様の坂

初富の豊穣を願い

稲荷様アクセスと坂の形状

新鎌ケ谷駅西口から商店・住宅街を抜け、「入道溜（にゅうどうため）」という三差路で右に折れ、上り坂を進むと、左手に鳥居が見える。鳥居をくぐり参道階段の奥に、ひっそりと佇む「豊作稲荷神社」（以下、稲荷神社）がある。規模は小さい。住民の北初富第三自治会館が隣接している。ここへは新京成線の北初富駅からのルートもあり、いずれも徒歩15分ほどである。

入道溜から稲荷神社に沿って上る市道の坂道を「稲荷様の坂」と称した。標高で24メートル、距離で300メートルの緩やかな坂道で、道路幅は7・5メートルある。この辺りはかつて台地上の牧草地帯で、軍馬や野馬が放たれていたという。それが明治の開拓期以降、道普請等でなだらかな坂の形状になったと推察される。

なお、鎌ケ谷市内は現況、交通渋滞が激しい。この坂道は、国道464号線（成田方面）への抜け道として利用されている。

稲荷様の坂

初富は一番乗りの開拓事業

明治維新後、新政府は失職した武士や庶民の困窮対策と農産物増産のため、明治2年（1869）に北総台地の、広大な牧の開拓方針を示した。その一番乗りが初富地区であった。無職の旧武士らとともに開拓に当たったのが、地元の金物問屋の湯浅七左衛門（ゆあさしちざえもん）[1]である。七左衛門は開墾会社に出資し、パトロンとして開墾の事業化に取り組んだ。

七左衛門の功績

当稲荷神社は、明治6年（1873）に伏見稲荷総本社の分霊（ぶんれい）として、七左衛門により創建された。これも七左衛門が開拓の成就と、豊穣を祀る稲荷様への献身といえよう。

開拓で財を成した七左衛門は現在、貴重な市指定文化財となっている手水鉢（ちょうずばち）、鈴（すず）、「豊作社（ほうさくしゃ）」額（がく）、養蚕大絵馬[2]などを神社に奉納した。明治19年（1886）には湯浅小学校も建てた。「湯浅里（ゆあさり）」という小字名も残した。すべて湯浅七左衛門の功績である。

稲荷様の坂下は溜池だった

稲荷様の坂下低地にある「入道溜」の地名が気になり、再三訪ねた。その名のとおり、この一帯がかつて溜池であることを確認した。初富開拓団はそれを干拓し、農地に転用した。その事例は上流の「串崎新田」という開拓地にも見られる。地中に埋められた稲荷様の溜池から湧き出る水は、地下水路を通じて下流の柏市大津川に連なり、手賀沼へと注いでいる。下総台地にある初富地域は、水源地でもあった。

なお、初富には、規模の大きい稲荷神社が初富駅近くの平地に鎮座している。「初富稲荷神社」といい、創建は明治2年（1869）で、初富地区稲荷神社の総鎮守でもある。

（上野健夫）

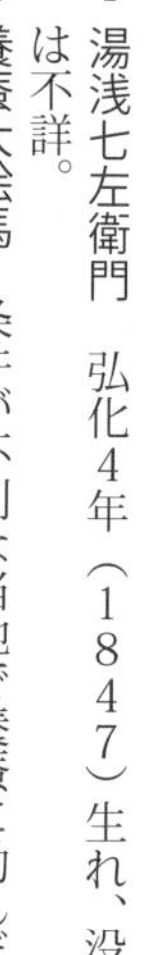

1 湯浅七左衛門　弘化4年（1847）生れ、没年は不詳。

2 養蚕大絵馬　条件が不利な当地で養蚕に励んだ。

〈ガイド〉
鎌ケ谷市初富221・1
コミュニティ循環バス「ききょう西線」で北初富第三自治会館バス停1分

〈参考文献〉
『鎌ケ谷市史　資料集［民俗編］』／『鎌ケ谷市ガイドマップ』

〈取材協力〉
鎌ケ谷市／鎌ケ谷市立郷土博物館／関東農政局（北総中央農業水利事業所）／青木更吉

金刀比羅神社前の坂

地域の守り神

共同体の神社

「金刀比羅神社」(1)は、鎌ケ谷市の郊外にある地味な神社。創建は維新直後の明治時代とされるが、年月は不詳。当時、明治新政府の急激な近代化により様々な社会不安が全国的に生じた。この波は当地域にも押し寄せ、周辺は治安がよくなかった。これに対し、地域の住民は安寧秩序を願って結束し、浄財を集め当神社を建立した。以降、地域の守り神として崇め、その甲斐があって防火、防犯に対処できたと伝えられる。今も地域共同体の、「こんぴら様」の神社として、周辺住民に見守られている。

金刀比羅神社前の坂

現在、この辺りは、松戸市（六実と五香）との隣り合わせにあり、宅地開発が進む一方、防鳥ネットで覆われた特産の梨園が広がっている。

電車の最寄り駅は、新京成線の「元山駅」（松戸市）が至近で、駅から950mある。

「入道台」の坂道

金刀比羅神社は入道溜のエリアにある稲荷様の坂からは、ほぼ直線の一本道で、西方へ800メートルの距離にある。「入道台」という台地の頂に在り、金刀比羅神社の前から、六実方向に向かって急坂の下りとなる。これを「金刀比羅神社前の坂」と呼んでいる。形状は傾斜で15度、長さが200m、道幅が7・5mある。明治以前は、急こう配の原野で、野馬が放たれていた。明治以降の開墾、道普請、戦後の道路拡幅を経て、現在の形状になった。

初富は開墾の事始め

明治維新後、新政府の政策の下に、千葉県は下総台地の開墾を急いだ。開拓会社を設立し、失職した多くの士族等を募り、当地域がその先陣を切った（前頁「稲荷様の坂」参照）。近接の五香が5番目、六実が6番目の開拓地とされる。

当神社坂下の低地、「佐津間」という地から長い水路を引いている。初富の開墾のためには、水路が必須であったと考えられる。

この辺りは大津川上流の水源地にあり、調整池（溜池）もある。北東方面の、柏市の境界まで地中水路や小川を伝い、大津川の支流から柏市高柳、逆井で合流、大津川本流となって手賀沼に流れ込む。「佐津間」からの流域は、地下水が流れ、米作をはじめ特産梨など豊かな農産物を産み出している。

（上野健夫）

1 香川県琴平町の「金刀比羅宮」を総本宮とする全国規模の神社。「こんぴら様」で親しまれる。

〈ガイド〉
鎌ケ谷市初富137・52
新京成電車、「元山駅」東口徒歩18分
東武野田線鎌ケ谷駅循環バスで、「入道溜」下車徒歩10分

〈参考文献〉
『鎌ケ谷市史　資料集［民俗編］』／『鎌ケ谷市ガイドマップ（1万分の1）』

〈取材協力〉
鎌ケ谷市／鎌ケ谷市立郷土博物館／関東農政局（北総中央農業水利事業所）

コラム

下総の「坂」(サガ)

石垣幸子(会員)

東葛地域に高い山はない。この地方の地勢は下総台地と江戸川・利根川両流域に広がる低地帯からなり、そして台地の奥まで谷津が入り込んでいる。その台地と低地帯・谷津を結んで小さな坂が沢山ある。

かつて、荷車を引く手に大汗をかいた坂、馬でも尻込みをしてしまう坂など語り草になっている坂や地形が変わりなくなってしまった坂など、小さな坂にも歴史がある。

流山などの下総地方の方言で「坂」を「サガ」という。流山市役所脇の坂を大坂(オオサガ)と呼ぶ、そしてサガのガは鼻濁音だという。

『東葛郡誌』第6節、方言訛語の欄に「郡内各町村において用ふるもの極めて多し、その中から共通で用ふるものを摘出」、サの部には「坂―サガ」とある。

伊藤晃著『下総方言物語』では「坂をサガという」。また、星野七郎著『手賀沼周辺生活語集』には「坂の上り口―サガのアガリット」とある。

図形　平成7年流山市立博物館調査研究報告書「流山の道」の中では、協力された皆さんが「○○サガ」と言っておられる。

『日本方言大辞典』(東京堂出版)によると、茨城県(一部千葉県を含む)以北の地方では、言葉の2語目がカ行・タ行の場合、濁音になる。例えば、赤(アガ)、柿(カギ)、畑(ハダケ)、泣く(ナグ)、坂(サガ)など。そしてカ行は元々清音であったが、濁音のガ行は鼻にかかった発音になる。

生まれも育ちも流山という会員の渡辺義正氏に話を伺った。「サガとは言わない」「市役所のそばの坂、オオサガと言いませんか」「あぁ、あそこはね、私は本町育ちで、あんまり名前の付いた坂とは縁がなかった。ただ普通の坂道はサカミチだね」と語っておられる。

芝崎で農作業をしていたご婦人に尋ねた。「ちょっと先の家、屋号を坂下(サガシタ)さんといいますよ。でも普通の坂はサガとは言わない」と。その後、おしゃべりの中、「あそこのサガはね」とそのご婦人の無意識の言葉に大笑い。小倉冴子氏の、流山出身の夫君は「もちろんサガミチですよ」とおっしゃる。村越博茂氏には木下在住の塾生に聞いていただいた。「坂の呼び方ですが、木下では「さが」と呼んでいます」との回答をいただいた。三郷にお住いの会員の豊田孝司氏、「三郷は低地で坂は無いが、流山橋の坂道(サガミチ)と言います」と。川を挟んだ流山と三郷との交流の歴史を見る思いがした。

江戸、東京も坂が多い。神楽坂(かぐらザカ)、菊坂(きくザカ)、団子坂(だんごザカ)、そして日光いろは坂(いろはザカ)など江戸の昔から○○ザカである。下総の○○サガではない。

坂の名はそこに住む住人たちのわかりやすい名前で、その地の訛で呼ばれていた。この東葛地方は、都心からの通勤圏ということもあって早くから都市化の波が押し寄せてきたところで、新しい住民の流入が多い地域である。そしていつかこの地方の方言や訛は聞かれなくなった。聞き取り調査をしても、坂(サガ)を語る人は少ない。ミチはきれいに舗装され車社会となり、あっという間に坂は通り過ぎていく。

かつての○○サガは、○○ザカになってしまったところも多い。

「東葛の坂道」の形成
下総台地と沖積低地

相原正義（地理研究者）

坂道は低地と台地との高低差のあるところにある道を指す。だが、東京の下町、江戸川区や江東区では堤防を乗り越える橋のある所が一番高く、住宅はゼロメートル地帯の上に建っている。最も低い地点は江東区北砂のマイナス3・5m。この付近は橋に向かうと、上り坂になる。全体に軟弱な地盤が沈下したところである。

坂は下総台地と谷地の間

東葛の坂は大部分が台地と低地・谷地の間にある（図1）。下総台地と呼ばれ、北は旧関宿町から利根川流域、手賀沼、そして東に印旛沼周辺や成田、香取を含め銚子へと続く。江戸時代は小金牧、佐倉牧の一帯で、粗放的な土地利用であった。台地の上はほぼ平らで牧や原野、平地林で後に開墾された。台地の麓の村は大小の坂道を拓き、生活道路になった。

下総台地を形成したのは地質時代の洪積世（更新世）で、約12万～13万年前（松戸から東と10万年前（流山、野田、我孫子、柏）とに分かれる。当時、県北部は銚子付近に島があった以外は遠浅の古東京湾で、地球規模の海面上昇期であった。その後、海が引き東京湾は陸地となった。

東葛の台地は赤土の関東ローム層で覆われている。ローム層を「剥ぐ」と、底部には秩父や群馬の山から流出した砂や小砂利が堆積した成田層があらわれる。厚さは6m前後である。成田層の上のローム層は陸化後に箱根山や古富士が爆発し、120～130km運ばれた火山灰である。東葛の坂の泥の母土は関東ローム層で、泥坂に悩まされた。

東京は地形的にいえば、「山の手台地」と「下町低地」からなる。そのため東京はサカの多い街となる。

坂は台地と低地、谷津からできる

東葛地域は、地形的には東京と同じで、台地と低地、そして台地を浸食してできた樹枝状の谷津があり、これも坂道をつくる。谷津は3万5千年前後に続いたヴュルム氷期に海面が140m（説には幅がある）も下がり浸食を受けた。台地の海抜高度は20m（柏駅付近）を中心に野田市、旧関宿町と低くなり、松戸市や柏市南部は30mを越すところもある。銚子はさらに高く40～50mである。

図1 東葛の台地と低地
原図「千葉県の自然誌」本編8 P.IXの東葛地域 に加筆

右図1を見て、東葛地方の台地と低地の比率は3対1と推測する。低地は利根川（鬼怒川）水系と江戸川水系とに分けられる。利根川は江戸時代初期、徳川幕府により人工の手が加わり、下総台地と常総台地の間を流れる。野田、柏、我孫子の利根川沿い、そして手賀沼周囲に低地がある。海抜高度は5m前後が多い。手賀沼沿いの水田の高さは4m前後である。坂川流域の流山と松戸の間が最も広い低地である。盛土などをしていなかったら、鰭ケ崎付近は海抜3～4mほどである。

坂川は常磐線に沿って松戸、北松戸、馬橋、新松戸と続き、その北側に低地が広がる。都市化が進む以前は海抜1・5mほどの低地があり、2mに満たない湿地が多かった。新松戸のダイエーや馬橋高校、日本大学松戸歯学部付近は1mプラス数十㎝の湿地であった。坂川の低地は江戸初期の新田開発とともに、周辺台地に多くの坂道を形成してきた。

松戸駅前の低地は現在、海抜5～7mであるが、東口を直進、イトーヨーカドー前を右折して、金毘羅神社の崖線の急坂につくられた石段を上って松戸中央公園に出る。その差(比高)は約20mである。低地の成り立ちは縄文時代以来のおよそ1万～6000年間と推定される。

だが、流山や柏の坂道は比高15m前後である。単純に計算すると、台地上は20m、低地の田んぼ面(現、住宅地となったところが多い)は5ﾒｰﾄﾙであるからだ。わずかの差だが、人は息を切らして上っている。

関東造盆地運動

流山の坂を見て、野田市旧関宿町に行くと、台地が急に低くなり「寸詰まり」の感じを受け坂道も短い。

関東平野は中央部を中心に下がり、周辺部が上がる。これは「関東造盆地運動」という地中のエネルギー活動が生起する現象で、大地震のときに顕著に起こる。

図2では、南北わずか1万3000m余であるが、台地の南高北低が読みとれる。

大正12年(1923)9月1日の関東大地震のときに房総半島最南端の館山では1・91m、三浦半島南端では1・3mも隆起したのに対し、関宿の先の幸手、栗橋では0・48m沈下した。関東造盆地運動の地盤上昇の様子は館山市の沼の地層で見ることができる。柏の台地の標高をグラフに示した。短い距離だが、南高北低であることがわかる。

関東平野に豊かな地下水

戦後に、千葉県公害研究所が千葉県西部でボーリング調査を行った。そのとき、深さ2600mで基盤である岩盤に到達した。そこまでに堆積した砂礫層は造盆地運動で沈下したところに、利根川や荒川から砂礫が流入してきたものといわれる。また造盆地運動は関東平野に豊かな地下水を供給してきた。「動かざること　大地のごとし」は地球の尺度で見ると間違いかもしれない。

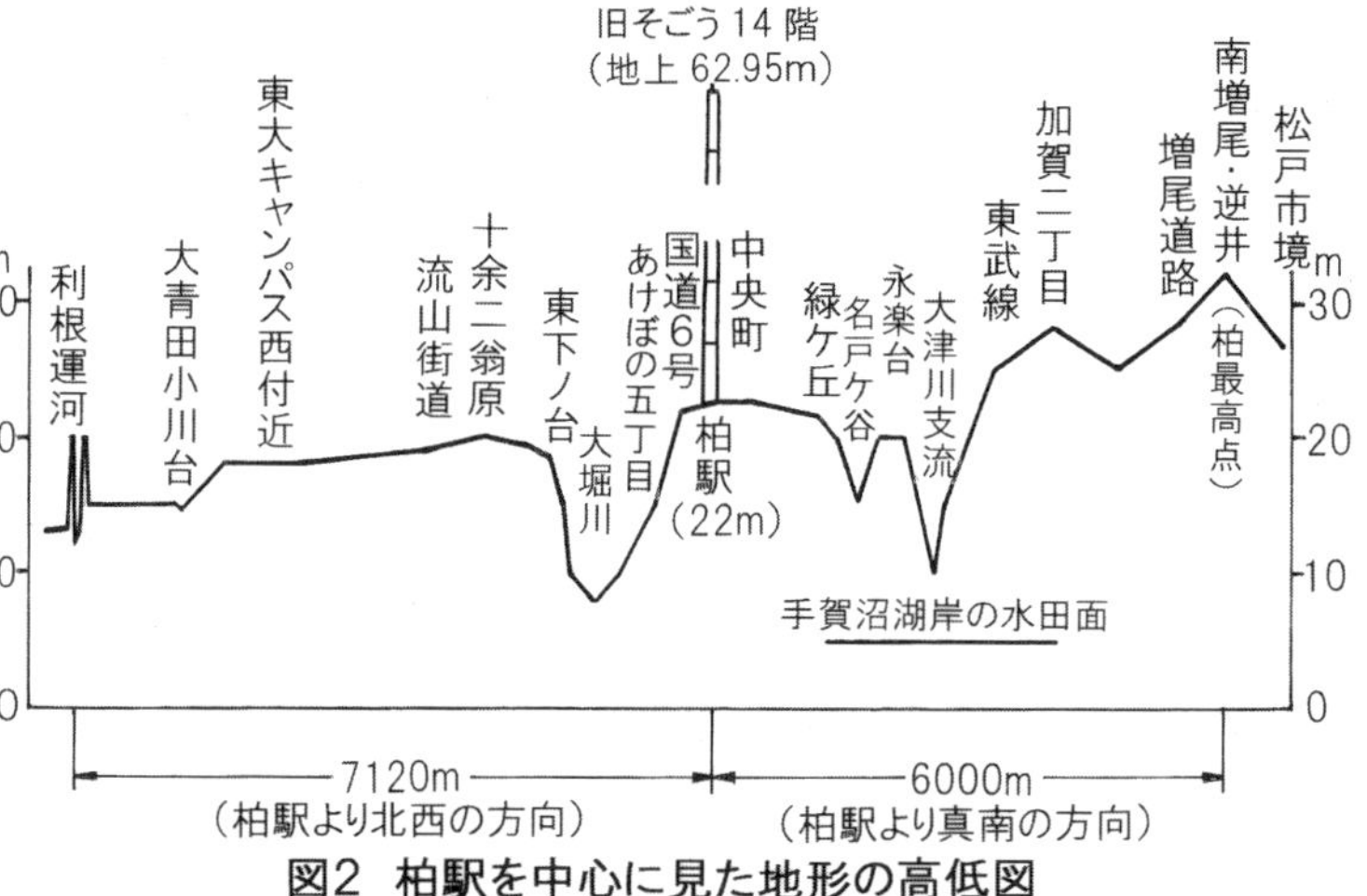

図2　柏駅を中心に見た地形の高低図
原図『柏新風土記』P171(相原)

執筆協力者

本書は下記の本会会員により執筆いただいた。(50音順)
(カッコ内は執筆ページを示す。)

相原正義　(40・51・64・124)
青木更吉　(30・31・32・83・119・120)
石垣幸子　(39・123)
上野健夫　(52・60・61・62・63・68・69・70・77・78・121・122)
岡村純好　(27・28・35・46・54・56)
川根正教　(43・44)
日下部信雄　(33・34)
葛岡昭男　(38)
越岡禮子　(102・103・104・105・106・107・108)
小島　隆　(36・37)
逆井萬吉　(94・95・96・97・98・99・100・101)
新保國弘　(24・45)
関本いずみ　(82)
竹島いわお　(3・50・57・58・59・65・66・67)
田嶋昌治　(74・75・76・79・80・81・84・85・86・87・88・89)
中村　智　(15・16・17・18・19・20・21・22)
辻野弥生　(25・26)
辻野吉勝　(23)
當麻多才治　(53・55)
三谷和夫　(109・110・111・112・113・114・115・116)
森　弘子　(14・29)
山本鉱太郎　(6)

曽根田栄夫(ガイドマップ作成)

幅　雅臣(本文頁作成)

◆講座だより

文章講座　講師　山本鉱太郎

文章とは自分の思想や心情を訴える武器である。

石垣幸子

文章講座の講師は旅行作家の山本鉱太郎氏である。開講以来34年となる。「思い立った日が青春」を座右の銘に、常に講座生を文章の世界へと導いてくれる。

授業は、人生とは何か、文章とは何かを討論しながら、名作と取り組んでいる。

文章を書く上で大切なことは感動である。自分が感動しなければ、人を感動させることはできない。話題の文学作品を紐解きながら講座が始まる。

「人生の瀬戸際をどう生きる」

戦争文学、極限状態の中で人間はどう生きるか。どう表現するか。黒沢明「生きる」、北条民雄「いのちの初夜」を読む。

「人生誰と出会うか」

金子みすゞと西条八十、宮本常一と渋沢栄一（佐野眞一著「旅する巨人」から）、人は出会いによって人生を大きく転換させることがある。

「ユーモア、ウィット」

人を飽きさせない文章には、読みやすさと同時にユーモアが必要。「江戸の笑い」落語、都々逸、川柳。

「日本の名言・熟語」

「手塩にかける」「サバをよむ」「油を売る」「思い立ったが吉日」等々、日本には簡潔で的を射ている言葉が沢山ある。これらを取り込むことによって表現も豊かに、人々の評価も高くなる。

「中国の故事」

日本文化のふるさとは中国である。もともとの由来などを知ることは文章を書く上で大切なこと、「馬耳東風」「人間万事塞翁が馬」等。

「コラム、随筆の書き方」

天声人語を考える。辻野さんの「ゆりえさんの花かんざし」を読む、いい文章とは書きたいものを書く。

「記録文学とは」

ルポルタージュ、日記、紀行文の書き方、記録文に嘘は書けない。日記をつけよう！

「文章の構成」

①テーマ　②起承転結　③構成　④人物　⑤ユーモア。

川柳講座　講師　太田紀伊子

他流試合も楽しい乱気流の歩み

辻野弥生

友の会の川柳講座・乱気流が誕生したのは、1991年4月、山本鉱太郎先生の懇請により、今は亡き今川乱魚先生を迎えてのスタートだった。発足当初は人数も多く、毎年、乱魚先生から、年間を通しての優秀賞、敢闘賞、努力賞などが発表され、にぎわったものである。

ユニークな句で、何度も優秀賞をさらった、工藤友子さんは、ご主人を亡くし、北海道へ。川柳と出会って、水を得た魚のごとく熱心だった中澤巌さんは、残念なことに大所帯の東葛川柳会へ移られた。

2010年4月、乱魚先生が長年の癌との闘いの末、亡くなられ、そのあとを太田紀伊子先生が引き継いでくださった。

会の中心的存在だった熊谷昌具さんも、病で亡くなられ、会員は減少の一途をたどった。そんな中で、小野久美子さん、真壁美智子さんが仲間になってくださり活気づいた。

しかし、鋭い感性の句を詠まれた真壁さんが急逝、大きなダメージとなった。人生における出会いと別れはつきものである。

最初からの会員である青乱さんは、20年にわたる奥様の介護の合間に土浦から通われ、川柳が唯一の生き甲斐という。こんな人がいる限り、講座を閉じるわけにはいかない。

２０１７年には、紀伊子先生のお誘いで「茨城県高齢者大会」に誘われ、大勢の人たちと交流できた。また、龍ケ崎市の川柳募集にも、度々乱気流から応募している。

◆最近の高得点の句より

戦争のない平成が好きですね　青乱
戦争は嫌い昭和の女です　やよい
空きっ腹芋で満たした昭和の期　紀伊子
古傷の一つや二つ彩さ　和代
死に急ぐ子らよ戦場見てごらん　勝五郎
元号にあやかり一字犬の名に　滋子
懐かしいポケットベルに急かされた　青乱
川柳の出るポケットが千欲しい　勝五郎
うまそうとクジラが呑んだプラのゴミ　やよい
両脇に二人抱えて若いママ　冴子
川柳が私の余生に虹くれた　久美子
うちの子はミックスですの家族です　和代
カビだけが喜んでいる長い梅雨　冴子
温暖化自国愛より地球愛　久美子
軍歌もまじる老人会のかくし芸　滋子

朗読講座　講師　西村喜美江

反省点が多かった発表会

鵜沢滋子

平成2年（１９９０）に始まった朗読講座も、開講30年を迎える。この間、発表会も今期で14回目となった。昨秋、10月20日（土）北部公民館で行われた発表会の第1部は、「私の好きな一場面」と題し、10人の講座生が朗読した。取り上げた作家・作品を一覧にして紹介する（括弧内は朗読者名）。

①『野菊の墓』伊藤左千夫著（小倉冴子）
②『カモメのジョナサン』五木寛之訳（稲田春代）
③『九十歳。何がめでたい』佐藤愛子著から「人情がうれしい」（小室みね子）「こみ上げる憤怒の孤独」（中川佳子）
④『一房の葡萄』有島武郎著（鵜沢滋子）
⑤『おとうと』幸田文著（松下秀子）
⑥『山月記』中島敦著（伊藤恵子）
⑦『おぶんちゃん』宮尾登美子著（石垣幸子）
⑧『五重塔』幸田露伴著（佐藤敬子）
⑨『高瀬舟』森鷗外著（秋山正子）

第2部の愛唱詩集の部では、谷川俊太郎、サトウハチロー、茨木のり子、金子みすゞ、島崎藤村、大島渚、相田みつお等の詩が披露された。

終了後の反省会では、練習不足もあり朗読の声になっていない人が多い、マイクの使い方がよくないなど、今回は厳しい感想が寄せられた。今更ながら朗読の難しさを痛感し、今後への抱負を語りあった。

昨秋の10月28日（日）には、柏の京北ホールで「博物館友の会の創立40周年記念パーティー」が開催された。この席の映像と語り「友の会40周年の歴史を振り返る」の中で、朗読講座生がナレーションを担当した。

ナレーションの披露

新入会員募集

流山市立博物館友の会

流山市立博物館友の会は１９７８年（昭和53）に創立、42年の歴史を重ねている民間の任意団体です。現在１８０名余の会員が所属し、会員間で様々な分野の活動をしております。

①東葛地域（流山・野田・松戸・柏・我孫子・鎌ケ谷・市川など）の歴史と文化を研究し、『東葛流山研究』の刊行
②教養講座（文章・川柳・朗読）の開講
③史跡探訪（都内、近郊日帰り）
④会報誌『におどり』の発行
⑤展示会・講演会・討論会・シンポジウム・親睦会などの企画運営

以上が当会の活動の柱です。東葛の歴史や文化に関心のある方、講座受講したい方、あるいは史跡探訪、会報誌の編集をしてみたい方は本会にご入会をおすすめします。

詳細は事務局にお問合せください。
☎０４・７１５４・３６７５（辻野）

編集後記

▼「東葛流山研究」第38号の刊行を前にして、坂道を上り切った感がする。〝三人寄れば文殊の知恵〟とはよく言ったもので、本書編集プロジェクトも三人で構成し、事があれば集合し、情報の共有と進み具合を確認しあい、刊行までに漕ぎつけました。他方では次の企画への〝坂道〟が待ち受けているような気がします。先輩諸氏が研究誌を37年間も出版してこられた苦労を改めてかみしめた日々でもありました。編集スタッフが若返ったといえ、執筆者の平均年齢は70歳を越えています。高齢化社会のなかで、熟年世代の活動も注目されております。益々の健筆振りを発揮していただきたいと思います。現在、都内では坂道めぐりがブームのようですが、本書の出版を機に、東葛地域においても、坂道への関心が高まりますよう期待しております。（竹島）

▼研究誌のテーマが「坂道」と決まった昨年の5月、担当エリアの流山と野田の坂道を、カメラを携え車と自転車で走り回りました。目的は坂道の位置確認（緯度・経度）と坂道を写真に収めることです。併行して、流山市と野田市の道路管理課を訪ね、道路台帳附図（縮尺1千分の1）を閲覧（貸出）させていただきました。台帳附図は、坂道名から幅員、曲がり、長さ、標高など道路情報の宝庫です。明治初期作成の陸軍参謀本部の迅速測図（縮尺2万分の1）を、現在の地形図に重ねると、地形の変遷を読み取ることができました。今回、編集プロジェクトに加わり、編集作業の過程を学ぶことができました。また、執筆者の皆さまとたくさんのやり取りができましたこと、ただただ感謝するばかりです。（新保）

▼本書の企画提案後、坂道に囚われていました。散策や車の運転中（気をつけねば！）、坂道に遭遇するたびに、その坂道名や形状などに気にかけるときもありました。今、本書の編集作業の終了を目前にしてホッとする半面、これでよかったのかな、と不安も過ぎります。本書を市販する上で、読者向けに何か特典を示そうと、取材原稿と写真、図版に加え約１２０の坂道を明示する「ガイドマップ」を掲載することにしました。本書を携え、東葛の坂道めぐりが楽しめると思います。今次出版に際し、デジタル編集に尽力いただいた幅雅臣さん、地図作成者の曽根田栄夫さん、表紙絵の喜屋武貞男さん、巻頭言をお寄せいただいた山野勝さん（元講談社）、そして難題、難渋のテーマに現地を取材し、執筆いただいた会員の皆さまに厚く御礼申し上げます。（上野）

東葛流山研究　第38号
『東葛坂道事典』

2020（令和2）年3月31日　第1刷発行

著　　者　流山市立博物館友の会編

発 行 者　竹島 盤

発 行 所　流山市立博物館友の会　事務局 辻野吉勝
千葉県流山市西初石3-461-6（〒270-0121）
☎ 04-7154-3675　ytsujino@jg8.so-net.ne.jp
振替00110-7-□419218

発　　売　たけしま出版
千葉県柏市柏762 柏グリーンハイツC204（〒277-0005）
☎・Fax 04-7167-1381

印刷・製本　平文社

Printed in Japan
ISBN978-4-925111-62-1-C0025

利根運河（中流左岸）